成为明星讲师
TTT培训全案

楼　剑◎著

TRAINING THE
TRAINER TO TRAIN

爱上讲台，华丽转变
学完本书，课程满意度轻松达到95%

人民邮电出版社
北　京

图书在版编目（CIP）数据

成为明星讲师：TTT培训全案 / 楼剑著. -- 北京：
人民邮电出版社，2016.1
（盛世新管理书架）
ISBN 978-7-115-41020-7

Ⅰ．①成… Ⅱ．①楼… Ⅲ．①企业管理—职工培训
Ⅳ．①F272.92

中国版本图书馆CIP数据核字(2015)第266313号

内 容 提 要

本书以企业内训师的培养为切入点，帮助企业内训师梳理授课流程，给出方法和工具，辅以案例说明，帮助内训师快速掌握授课技能和方法，同时打造高素质的内训师团队；了解企业培训师的基本素质和技能，重新认识培训在企业中地位与作用，培养培训师基本技能与要求，掌握基本方法和工具，学以致用，真正帮助企业内训师全面提升授课技巧。本书适合企业内部培训师、部门主管及渴望提升自我演讲能力、立志于成为培训师的人士阅读与学习。

◆ 著　　　　楼　剑
　　责任编辑　赵　娟
　　责任印制　彭志环

◆ 人民邮电出版社出版发行　　北京市丰台区成寿寺路 11 号
　　邮编　100164　　电子邮件　315@ptpress.com.cn
　　网址　https://www.ptpress.com.cn
　　北京七彩京通数码快印有限公司印刷

◆ 开本：690×970　　1/16
　　印张：12.5　　　　　　　　2016 年 1 月第 1 版
　　字数：151 千字　　　　　　2025 年 9 月北京第 40 次印刷

定价：49.90 元

读者服务热线：(010)53913866　印装质量热线：(010)81055316
反盗版热线：(010)81055315

推荐序　学习忘我，应用无他

2013年12月，第一次和楼剑老师相遇，是在我主讲的"国际通用标准课程开发教程"的课堂中。低调、务实，这是当时楼剑给人的感觉。一转眼，物换星移，今年5月，楼剑给我发微信，说写了一本关于TTT方面的书，想请我这个TTT的"老兵"写个序，我欣然接受。

在TTT领域传道、授业、解惑二十余年，看到年轻人在这方面的耕耘和收获，我还是很高兴的。

第一时间拿到了楼剑的书稿，看得出作者是用了心的，楼剑采用小说的形式来进行内容的呈现，是想把大道理讲得通俗化，通俗化后再讲得生动化，所以这本书有情节、有场景、有对话，有模型、有工具、有图表，有案例、有故事、有视频，在轻松中实现学习和成长。

本书通篇体现务实性和可借鉴性。作者通过虚拟企业的模拟情景，环环相扣，运用实际工作的问题，引导培训实践的展开，导入培训实务操作，灵活嵌入培训理论以及讲授技术和课程开发方法，充分体现作者博采众长、取长补短、注重实效、融会贯通。

人物的对话和模拟场景中的话语，可成为读者实际工作中的模板。

表格及测试，读者不妨也动手做一做，也许有不同收获。

看完书稿，我觉得可以用"首善、乐从和分享"6个字来概括我对这本书的感受。

首善。首善就是准备加改善。一开始就要做好准备。如果一开始没有做好准备就要及时改善，因为这一刻的改善对下一刻来说就是首善。所以如书稿中许静的自我测评、内容上的准备、心态素养上的准备、设备上的准备等都是在做首善，都是为了确保内训师在台上的**职业"装"**。所谓方向比方法重要，准备比资历重要。当企业员工选择成为一名内训师的时候，就意味着他选择了让自己能力快速成长、在公司曝光率增大的大方向。大方向对了，再通过不断的努力，量变达到质变，就会取得如同本书中王振的成绩。

乐从。没有不好，只有不同。成年人学习尤其要注意这一点，心中不预设标准答案。全面接纳学员的不同观点和不同状态，实现对接。书中的聆听、观察、反馈技巧等都是教会内训师如何以学员为主体和学员实行有效互动。只有开放接纳，才是做一个好老师的基础。因为开放所以接纳，有了接纳更加开放。

分享。老师要善于和乐于分享。同时还要讲清楚，听明白，记得住，还能做得到。这对于老师授课的结构和形式就有一定的要求了。书中的暖场破冰技巧、开场收尾方法、课堂训练形式、生动形象化表达、五星教学法等内容，都在强调老师在分享中，既要有内容的组织和呈现，同时还用众多形式辅助学员更好地理解课程内容。

会道者一缕藕丝牵大象，盲修者千斤铁锤砸苍蝇。

任何一项工作要做好，都有方法路径和应知应会，做内训师也是如此。

成为一名专业的内训师，这本书可以为你指点一些迷津。

《**TTT 国际职业培训师标准教程**》中文版权所有人刘子熙

自序　让内训师成为企业培训的主力

随着企业组织的不断发展和壮大，人才培养和发展日益受到企业的关注和重视，而人才短缺和能力短板也将制约组织的扩大和进步。一般来说，企业获得人才有两种方式：一是请进来，二是养起来。所谓"请进来"，就是通过招聘、猎头等方式找到合适的、胜任该岗位能力的成熟职业人士加入公司，这样可以减轻企业人才培养的压力，拿来即用。但很多时候企业所要支付的成本相对本企业员工要高，同时"空降兵"也多存在水土不服。第二种"养起来"，就是通过企业自主培养，打造出符合企业要求的、能够胜任岗位工作的合格人才。只是这种做法时间相对较长，同时对企业HR部门的专业度要求较高。

但不管怎么说，我们还是非常欣喜地看到中国的很多企业，特别是一些中小企业，都在积极努力地尝试自我培养人才，自我造血。他们在协调各方资源，组建一支企业的内训师队伍，让内训师在企业内做信息、经验、智慧的传承和沉淀，这是一种非常明智的选择和决定。这也是为什么近两年虽然中国经济进入新常态，增长乏力，但像TTT这类内训师培养课程，却需求不断的原因。因为大家越来越清楚，打铁还需自身硬，改革带来的

30 年高速增长的红利已经过去，未来企业打拼的核心竞争力还是要靠人才和实力。

我这两年走访了很多企业讲授内训师培养的课程，发现很多企业已经有了内训师队伍，且制度、流程、课程体系等都初具规模，这些基础工作都做得不错了。但内训师的授课却差强人意，没法取得预期的效果。深究下去，不外乎以下的这些原因：如 PPT 课件是 Word 搬家，上面都是字，老师照本宣科；老师一味单向讲解，缺乏互动和引导；课程信息量过大，枯燥乏味，等等。这些都会影响学员听课的感官，进而影响课程的整体效果。

很多企业内训师工作时间特别长，在企业内部或做管理或做专家，有经验有智慧。就是因为没有掌握老师授课的一些技巧和方法，缺乏梳理课程，呈现课程的思路，导致课程效果不佳，是非常可惜的。而这也是我写这本书的出发点。希望自己的一些感悟能够通过文字的形式让更多的内训师看到，帮助他们从心态、知识和技能三方面去修炼自己，完成自身在课堂上的完美蜕变。

总体来说，本书共有四个特点，分别是可读性、生动性、实操性和完整性。

1. 可读性

现在信息爆炸，我们每时每刻都被海量信息包围。学习变得简单，同时也变得复杂。简单是因为信息量大，随便一抓就可以学，复杂是因为信息量太大了，你要找到好的、合适的信息就要费时间。因此，本书的创作，从成人阅读的习惯入手，把情节设计成小说的形式，设定师傅（王振）带徒弟（许静）的两个角色，让读者跟着情节深入，和许静一起成长。让阅读变得轻松，有代入感。

2. 生动性

尽量避免生涩难懂的专业术语的出现，而用通俗易懂的方式来进行呈现。每一个知识点的讲解，都会配合大量事例故事来进行解释说明，帮助读者更好地理解和掌握知识点。

3. 实操性

书中的内容均是经过实践验证的，与实际授课和工作是相关的。读者看完之后，可以较容易地进行知识迁移，用于自身的企业授课分享，帮助提升课程满意度。

4. 完整性

书中几乎涵盖了内训师能力成长的几大模块。从自我测评入手、做足授课前的准备、破冰暖场、课程开场、课程收尾、课程中间内容的组织、课程控场、应答技巧、课程引导互动形式等。一册在手，反复阅读和学习，使技能提升更全面。

明代大儒王阳明先生告诫我们要"知行合一"，希望广大读者看了书不仅"知"，更要去"行"，只有两者合一，才能做到"善"。

楼 剑

CONTENTS 目 录

引言:
故事背景及人物

得峰集团是一家我国香港的零售上市公司，总部位于浙江宁波，旗下有购物中心、传统百货、大型超市等多种业态，30 多家门店主要集中于浙江、江苏两个省份的三四线城市，自有员工 2 万余人。集团从 2008 年开始人才培训体系建设工作，至今已有 7 年了。经过不断的摸索和运作，集团的培训工作已初见成效，基层、中层、高层各层级员工的培训均已细分，并完整轮转了 3 年以上。

基层和部分中层主要以内训师安排集训营自我训练为主，资深中层和高层则安排外部院校和机构合作，"送出去＋请进来"的方式以项目制展开培训，为集团源源不断输送后备关键人才。企业课程体系也按照业态进行划分，细分为管理类、技能类、通用类等序列，每年更新和完善课程，确保知识和技能的新鲜。培训管理制度也在不断优化中越来越透明，越来越人性化。这些成绩的取得也让集团总部培训经理王振（男，32岁）很欣慰，到集团6年，刚开始他还只是个实习生，是和零售学院一步一步成长起来的。当然这也和得峰集团总部人力资源总监林涛（男，39岁）的鼎力支持和帮助是分不开的。

　　零售学院总共有4名员工，由于集团培训众多，大家普遍处于较大压力中，林总看到这个现象，从集团人力资源部其他部门安排了一个岗位编制过来，这次大规模招聘结束之后，一位研究生毕业的许静（女，26岁）加入培训部门，辅助林涛进行内训师的管理。许静毕业工作1年多时间，上家单位是一家全国性的咨询培训管理顾问公司，她在里面做的是课程助理的角色，主要是协助讲师授课，并做好后勤保障服务，有时也会协助老师，在企业讲授一些基础知识，做好项目辅助工作。同时她在校期间也是校广播台的播音员，平时也喜欢参加一些演讲、朗诵比赛，非常享受站在讲台上与人分享的感觉。她也曾找到王振沟通过这件事情，王振也非常爽快答应，辅导许静相关的讲师技能，让许静更专业，并胜任企业相关内训课程的讲授。后续的每个章节，都将由王振和许静的对话作为引子，继而引出相关专业知识。让我们一起开启这段学习之旅。

TRAINING THE
TRAINER TO TRAIN

第一讲
自我测评

66 王经理，我今天在翻看公司过往资料的时候，发现你是连续好几届的全集团优秀内训师啊！真是太牛了！我也希望有一天能像你这样成为优秀的内训师，在台上发光发热！"许静不无羡慕地说。

"是吗？你也有兴趣做内训师？这可是一份不轻松的差事哦！你平时上班工作量已经非常饱和，要做好内训师授课工作，需要备课，查找素材，找专家访谈沟通，可是很费时间和精力的，而这些都需要花费你工作之余的时间。很多时候就为了找一个好素材，做一页精美的 PPT，会在电脑前一坐就是好几个小时。"王振平静地说着。

"难怪你能连续几年拿到优秀内训师称号呢，原来都是因为你的付出和努力，量变到质变的结果啊。不过这点困难是难不倒我的，你要知道我以前就是校广播台的，而且也经常登台主持一些节目，我也接触和服务过一些职业讲师，在这方面我是有心理准备的。我是打心眼里想和大家分享，想和大家沟通的。希望能得到王经理的辅导和帮助，有优秀内训师的辅导和指导，我想我的成长会像火箭一样噌噌地往上涨的。"许静边说着，边做了一个夸张的往上的手势。

她的举动把王振也给逗乐了："好吧，既然你有那么大的决心，我教你是没有问题的。只不过，因为我教你的时间毕竟有限，所以课后需要你自己去消化，琢磨，找机会自己练习。最重要的是，你要多学习，提升自己的专业知识，这是你目前比较欠缺的。可以做到吗？"

"Yes，Sir!"许静站起来敬了一个大大的礼。

"没想到我眼前这个美女还有这么大的弹性啊，还真的是做内训师的好料呢！"王振心里想着，但是脸上还是平静地说："那我们就快马加鞭吧，年底正好也有全集团的内训师选拔大赛，你现在学好了，正好赶上年底的选拔赛，你秀一秀自己，通过之后就可以成为一名集团内训师了。"

"那太好了，我都迫不及待了！"许静急切地说。

"要教你，我首先得知道你在哪方面比较欠缺，因为时间紧，任务重，我们就挑你比较薄弱的来进行教学。我这里有一份内训师的自我评估表，你现在就填一填吧，可以让你知道自己在哪方面还需要加强。"王振边说着边递给许静一张 A4 纸的表格。

许静接过表格一看，这是一张用来打分的自我评估表。内容不多，但是却有两个维度：一个是授课内容，另一个是授课形式。

授课内容自我评分表

授课内容	
评分标准： 几乎总是：5分 通常情况下是：4分 有时候是：3分 通常情况下不是：2分 几乎从来不是：1分	
1. 授课前能精心准备课程内容，做到内容详实，案例丰富	
2. 课程的整体结构完整，课程逻辑性强	
3. 课程内容之间的衔接和联系顺畅自然，一气呵成	
4. 开场导入引人入胜，不仅贴合主题，同时给学员以思考和启发	
5. 课程收尾余音绕梁，帮组学员总结回顾，同时呼吁行动	
6. 能用与课程内容贴切的故事和案例辅助教学，帮助学员理解课程	
7. 课程内容主次明了，突出重点和关键点	
8. 能运用综合手段使课程通俗易懂，易于学员理解和接受	
9. 用概念和关键词提炼课程观点和结论，方便学员记忆和传播	
10. 能用案例、素材、证据等证明课程的观点和论点，被学员认可、接受	
授课内容总得分	

授课形式自我评分表

授课形式	
评分标准： 几乎总是：5分 通常情况下是：4分 有时候是：3分 通常情况下不是：2分 几乎从来不是：1分	
1. 授课时，我能时刻关注学员的听课状态，当发现学员兴趣低落时，能采用各种成人教学手法提高学员学习的兴趣和积极性	

（续表）

2. 能综合采用各种教学手段鼓励学员参与：如大型研讨、提问、小型研讨、现场演练、游戏、视频教学、念PPT、记笔记、开心金库等各种方法	
3. 会适时地采用幽默打破学员和老师之间的隔阂和紧张感	
4. 我会以听众乐于接受的方式进行培训授课	
5. 在授课一开始，或与陌生学员刚接触时，我的授课重点不在于讲授内容，而在于和学员建立关系和信任感	
6. 我会以可与听众产生共鸣的话题开始授课。通过故事、案例等，由浅入深，慢慢将学员引导到新的知识点和授课内容上	
7. 在课程需要时，能够积极引导学员，提出各类问题，让学员思考和回答，增强课程的互动性	
8. 授课的内容和节奏并不是固定的，每次授课根据学员的实际情况和听课的反应调整进度和时间	
9. 我运用幻灯片、讲义或其他媒介作为我演讲的辅助工具，我不会让幻灯片显得比我自己还重要	
10. 讲话时，我知道如何运用节奏、音调和音量来表现讲述内容的细微差别和变化	
授课形式总得分	

　　"这张评分表可以帮助你了解你的授课风格。上面的授课内容主要测评你的内容组织、逻辑性、观点、结论是否鲜明等。下面的授课形式主要测评你如何将这些内容呈现给学员，怎样呈现才能让学员听，喜欢你的课程，因为喜欢才会产生兴趣，才能提高课程的有效性。我现在给你几分钟。你可以凭借你的第一感觉快速填写一下。总共有 5 个分值。1 分代表从来都不是这么做的，而 5 分代表几乎总是这么做的。每个测评维度有 10 道题，所以满分是 50 分。你先填写好，我们再来分析和解释。"说完，王振喝了口水，微笑地看着许静。

　　于是许静开始埋头做起了测评。

"填好了。"大概过了 5 分钟之后，许静抬起头，把测评表递给了王振。

许静的授课内容自我评分表得分

授课内容	
评分标准：	
几乎总是：5分	
通常情况下是：4分	
有时候是：3分	
通常情况下不是：2分	
几乎从来不是：1分	
1.授课前能精心准备课程内容，做到内容详实，案例丰富	3分
2.课程的整体结构完整，课程逻辑性强	3分
3.课程内容之间的衔接和联系顺畅自然，一气呵成	2分
4.开场导入引人入胜，不仅贴合主题，同时给学员以思考和启发	2分
5.课程收尾余音绕梁，帮组学员总结回顾，同时呼吁行动	3分
6.能用与课程内容贴切的故事和案例辅助教学，帮助学员理解课程	3分
7.课程内容主次明了，突出重点和关键点	3分
8.能运用综合手段使课程通俗易懂，易于学员理解和接受	2分
9.用概念和关键词提炼课程观点和结论，方便学员记忆和传播	2分
10.能用案例、素材、证据等证明课程的观点和论点，被学员认可、接受	3分
授课内容总得分	26分

许静的授课形式自我评分表得分

授课形式
评分标准：
几乎总是：5分
通常情况下是：4分
有时候是：3分
通常情况下不是：2分
几乎从来不是：1分

（续表）

1. 授课时，我能时刻关注学员的听课状态，当发现学员兴趣低落时，能采用各种成人教学手法提高学员学习的兴趣和积极性	1分
2. 能综合采用各种教学手段鼓励学员参与：如大型研讨、提问、小型研讨、现场演练、游戏、视频教学、念PPT、记笔记、开心金库等各种方法	2分
3. 会适时用幽默打破学员和老师之间的隔阂和紧张感	1分
4. 我会以听众乐于接受的方式进行培训授课	2分
5. 在授课一开始，或与陌生学员刚接触时，我的授课重点不在于讲授内容，而在于和学员建立关系和信任感	4分
6. 我会以可与听众产生共鸣的话题开始授课。通过故事、案例等，由浅入深，慢慢将学员引导到新的知识点和授课内容上	2分
7. 在课程需要时，能够积极引导学员，提出各类问题，让学员思考和回答，增强课程的互动性	3分
8. 授课的内容和节奏并不是固定的，每次授课根据学员的实际情况和听课的反应调整进度和时间	1分
9. 我运用幻灯片、讲义或其他媒介作为我演讲的辅助工具，我不会让幻灯片显得比我自己还重要	3分
10. 讲话时，我知道如何运用节奏、音调和音量来表现讲述内容的细微差别和变化	2分
授课形式总得分	21分

　　"来，我们一起结合这个《培训授课能力矩阵图》来比对一下你的位置。"王振边说着，边拿出一个矩阵图和许静一起分析起来，"你看，这个能力矩阵图有两条轴：X轴和Y轴。X轴就是你刚刚填写的授课内容的得分。Y轴就是授课形式的得分。两条轴把这个矩阵分为了四个象限。我们分别来看下。第一象限我们叫精彩区，为什么叫精彩区？"王振抬头看着许静。

　　"因为看起来在这个区域的两个得分好像都是挺高的，所以应该会比较精彩吧。"许静眨巴眨巴眼睛，若有所思地说道。

Y 轴授课形式

50

45

第三象限　　　　　　40　　　　　第一象限
欢乐区　　　　　　　35　　　　　精彩区

30
　　　　　　　　　　　　　　　　　　　　　X 轴授课内容
0　　5　　10　　15　　20　25　30　　35　　40　　45　　50

20

第四象限　　　　　　15　　　　　第二象限
游离区　　　　　　　10　　　　　沉闷区

5

0

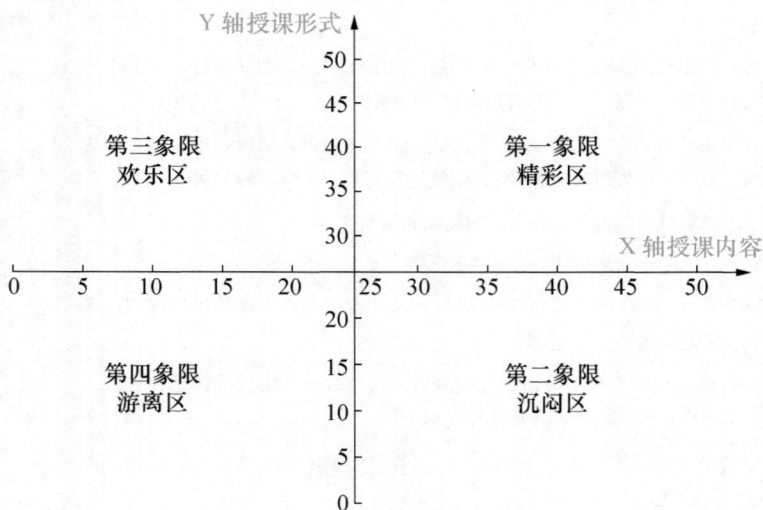

培训授课能力矩阵图

　　"这个象限的两个分数确实都是挺高的，都在 25 分以上。为什么是精彩区？因为这个区域的课程不仅内容组织整体结构完整，逻辑清晰，同时观点、方法、结论、步骤等突出。另外课程内容的组织和呈现形式也非常精彩，能够影响学员，引导学员积极参与课程。所以这样的课程对于听课的学员来说就是一种享受；这样的老师也是最受学员欢迎的，因为听他们的课不累，而且收获还不小。在我们集团，这样老师的课都是学员点名要求去上的，粉丝一堆一堆的。"王振一本正经地解释着。

　　"难怪王经理你有这么多粉丝啊，原来你们的课程是这么精彩啊。不知道我什么时候才能进入这个象限，真是羡慕你们。"许静一边嘀咕着，一边崇拜地看着王振。

　　"你只要努力，进入第一象限只是时间问题，你完全没有问题的。"王振给许静投来赞许的目光，"我们再来看第二个象限，叫沉闷区，为什么叫沉闷区呢？你会发现这个区域老师很多都是企业内部的专家，在某个岗位上的工作经验非常丰富，内容也都紧贴实际，很有高度，并且较为系统。所以他们的授课内容得分都是偏高的。他们的主要短板就是内容的呈现，没有有效地设计很多形式把这些内容——呈现给学员，让学员时不时就来个'哇'！他们更多的还是只采用传统的讲授法，我讲你听，因为他很专业，所以很容易沉浸在自己的专业世界里，把学员隔离在外面。同时这些专家的声音和音调本身就比较平，整个课程几乎都是一个音调。这样就很容易造成一个局面，那就是'上面讲得唾沫横飞，下面睡得死去活来'。"

一听到王振说这句话，许静就捂着嘴偷笑。

"你好像很有感触啊，听我说这句话。"王振看许静偷笑就问她。

"对啊，你说这句话，我就想起了我们大学课堂，好像很多都是这样的，特别是夏天的下午，那更是睡倒一大片啊，所以你一说起来我就很有感触，没想到企业里面也有这种情况。"

"是的，有这种现象的，而且这种现象还不在少数，所以我们才取了这个形象的名字叫沉闷区。我们再来看第三个象限。这个象限的名字叫欢乐区。就是听这个课程的学员都很欢乐，因为这样的老师在上课的时候会设计很多形式，什么游戏、视频、开心金库啊。反正就是不让你闲着，所以学员听这个觉得很好玩。但是因为形式太多了，喧宾夺主，导致内容的含金量就偏少。课程好玩，但实际上学完之后学员的收获偏少，没有多少干货，所以我们叫它欢乐区。"王振喝口水看看许静，看她有没有理解。

"一个欢乐区，一个沉闷区，如果综合一下就很好了。"许静指了指两个象限。

"是的，两个象限的人综合一下就是精彩区了。但这个说起来容易，

做起来挺难的。最可怕的是第四象限，我们叫它游离区。就是内容上不占优势，授课形式上也没有突破，这种课就有一定的提升空间了。上这种课程的学员不是玩手机就是睡觉，要么就是用腿投票，直接就离开教室了。这四个象限分析完了，你有没有什么问题？"

许静摇摇头，表示自己理解了。

"那我们来分析一下你的得分吧。你看，你的授课内容我们加总分之后是 26 分。我们在坐标轴的横轴位置找到这个点。你的授课形式的加总分是 21 分，我们在坐标轴的纵轴找到这个点。这两个点的交汇点就是你所在的象限，所以你是在沉闷区这个象限。而且你的授课内容得分也是超出中心水平一点点，提升空间也是蛮大的。所以我们的目标就是让你在授课内容和授课形式上都能得到提升，让你进入精彩区这个象限。你有信心吗？"王振充满期待地看着许静。

"没问题的，有王经理这么好的师傅，还有我这么聪明和努力，我一定会尽快步入精彩区俱乐部的。"许静踌躇满志。

"那就好，信心是最重要的！"王振对许静的表态表示认可。

授课能力矩阵图象限名称解读

欢乐区	精彩区
• 无实质性内容 • 绝佳的授课技巧 • 听众积极踊跃参与，但收获颇微	• 专业的内容 • 绝佳的授课技巧 • 听众听课是一种享受，轻松中学习内容
游离区	沉闷区
• 无实质性内容 • 单一的授课方式 • 听众很痛苦，感觉浪费时间，想逃离现场	• 专业的内容 • 单一的授课方式 • 听众觉得内容很实用，但无法让自己专注于内容

TRAINING THE
TRAINER TO TRAIN

第二讲
内训师的全脑开发

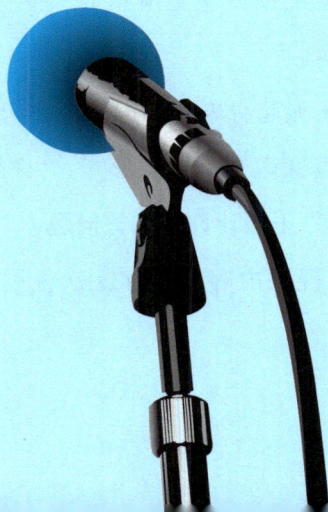

66 上一次我们花了些时间做了自我测评，了解到自己可以提升的方向和

目标。这个过程还是非常有意义的。"王振帮助许静复习上一次的沟通内容。

"是的，上一次确实让我看到了自己的不足，以及可以成长的地方。后来我回去思考和上网搜索资料，发现越看资料，反而对授课内容和授课形式这两个概念更模糊了，希望今天王经理可以给我解答解答。"许静虚心求教。

王振起身来到白板边，拿起一支黑色的白板笔，在上面写上了八个大字：授课内容，授课形式。"许静，告诉我什么是授课内容，什么是授课形式。"王振让许静回答问题。

"授课内容好像你上次说过是老师上课的观点、方法、结论、流程、

步骤等信息。授课形式应该就是老师怎么样来呈现内容的方式，比如讲个故事、猜个谜语、做个讨论和交流、做个游戏、观看一段视频，等等。"

王振则在许静回答的时候快速把许静说到的点写上白板上。

"你说的八九不离十，都是对的。"王振边放下白板笔边说道，"现在我要问你，你觉得授课内容和授课形式在一次课程里面哪个比较重要？"

"哪个比较重要？"许静显然没有想到王振会提出这么一个问题，这个问题看着挺简单的，但是回答起来还真有点不容易。她想回答两个都重要，但这显然应该不是王经理所要的。"我觉得可能是形式比较重要。"许静沉思之后给出了自己的答案。

"为什么这么说，解释一下你的想法。"

"因为我觉得授课形式是对授课内容的加工和再组织，学员能否把内容听懂，喜欢听，愿意参与课程，都与内容如何呈现是密切相关的。所以我认为授课形式比较重要。"许静对自己的回答还是挺满意的。

"那我想问你，如果你引导学员做一个互动游戏，请问你是想让学员在课程介结束后记住这个游戏呢？还是想让学员记住你游戏后带给学员的观点和结论？"王振反问道。

"应该是观点和结论吧，观点和结论才是干货啊，对学员的工作有指导意义的。哦……我懂了。"许静仿佛明白了什么。

"你明白什么了？"王振趁热打铁。

"你刚刚反问我的那个问题，让我想到是内容比形式更重要的。所以我才恍然大悟的。"

"是的，应该是授课内容比授课形式更重要的，要不然课后如果让学员记住那个游戏就得不偿失了。"王振补充道。

"授课内容比授课形式重要，那我再问你，授课内容和授课形式在一门课程里面的配置应该是哪个更多呢？"王振边指着白板边问许静。

"哪个更多？哪个应该更多？"许静嘴巴念念有词，但大脑却在高速运转，"授课形式应该更多一些吧。"

"为什么呢？"

"因为授课内容需要授课形式进行分拆和重新的呈现，所以授课形式会比授课内容更多，因为几个授课形式组合在一起才可能把较专业的授课内容讲透彻啊。这是我的理解，不知道对不对。"因为之前错过一次，所以许静有点谨慎小心了。

"你的回答非常正确，而且还说到点上了，说明你回去后还是有去消化所学的。"

得到王振的赞美，许静还是很开心的，说明自己的努力没有白费。"那王经理再给说说理由呗，让我再学习学习。"许静还是保持谦虚低调。

"嗯。授课形式确实要多于授课内容。比如我们拿电饭锅煮饭的时候。我们需要水和米作为原材料。水和米哪一个应该更多？"王振问许静。

"当然是水了，要不然米不就生了啊，或者吃起来很硬。"许静不假思索地回答。

"是的，所以水就是授课形式，授课形式要多于授课内容，要不然米就难以下咽，口感偏硬，就像授课内容艰涩难懂，难以消化理解。"王振边说边做了一个吃饭的动作。

"嗯，这样说很形象，我就更容易理解了。"许静禁不住竖起了大拇指。

"了解了授课内容和授课形式的重要性和占比之后。我们就要来探讨下如何基于授课内容和授课形式来进行培训师的全脑开发。"王振说道。

"全脑开发？是智力开发吗？"许静对于新名词一知半解。

"美国心理生物学家斯佩里博士通过著名的割裂脑实验，证实了大脑不对称性的'左右脑分二理论'，他发现正常人的大脑有两个半球，由胼胝体连接沟通，构成一个完整的统一体。左半脑主要负责逻辑理解、记忆、时间、语言、判断、排列、分类、逻辑、分析、书写、推理、抑制等，思维方式具有连续性、延缓性和分析性。因此左脑可以称作'意识脑'、'学术脑'、'语言脑'。右半脑主要负责空间形象记忆、直觉、情感、身体协调、视知觉、美术、音乐节奏、想像、灵感、顿悟等，思维方式具有无序性、跳跃性、直觉性等。简单地说我们的左半脑负责的就是刚刚说的授课内容，而右半脑负责的就是授课形式。两者只有相辅相成，共同作用，才能促进左右脑的均衡和协调发展，从整体上开发大脑。"怕许静一下子接受不了这么多信息，王振刻意停了一下，给个缓冲。

看见许静笔记记得差不多了。他又继续说道："但是现实授课中，老师的'偏脑现象'还是非常普遍的。无论是内训师的左脑能力还是内训师的右脑能力，本身没有对错和好坏。只是当你过度偏向某一种方向时，就会给学员带来不太好的感受。很多'偏左脑'的内训师表达严谨，条理清晰，但气氛沉闷，缺乏互动，讲解乏味，很难激发听众的兴趣与参与。很多'偏右脑'的内训师善于营造气氛，表达精彩，故事传神，但内容缺乏深度，条理不够清晰，听众感到娱乐性强，实用性差。而优秀的内训师应该左右脑均衡训练，同步发展。'左脑能力'和'右脑能力'中任何一个的欠缺，都会对培训效果产生很大的负面影响。"王振离开白板坐到位子上，喝了口水。

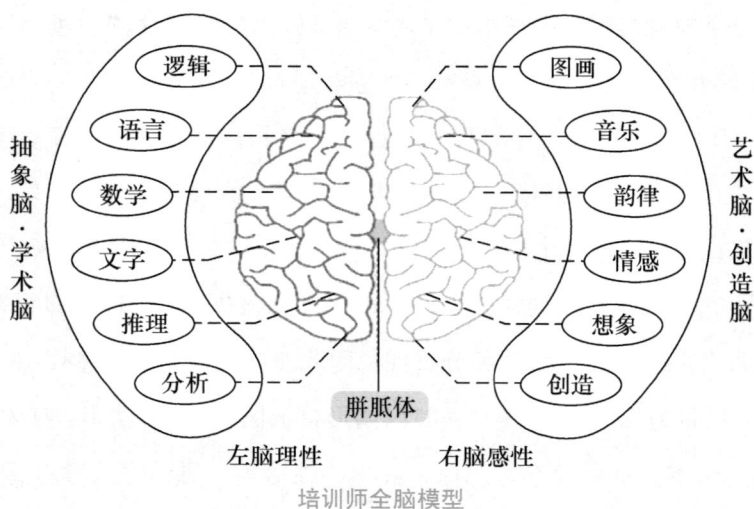

抽象脑·学术脑

逻辑　语言　数学　文字　推理　分析

图画　音乐　韵律　情感　想象　创造

艺术脑·创造脑

胼胝体

左脑理性　　　右脑感性

培训师全脑模型

内训师左脑能力在培训中的具体表现

专业知识掌握程度	表达中的条理性	讲故事中情节的合理性
点评的深度	培训内容的逻辑性	用词水平
培训设计能力	对听众提问的理解力	词汇掌控能力
课程结构的清晰性	语言的精确性	有效扩展情景片段到一个完整故事情节的能力
内容总结的准确性	有效陈述表达一个具体事物的能力	培训内容时间分配的合理性

内训师右脑能力在培训中的具体表现

表达中的感染力	引发听众联想的能力	自我情绪控制能力	气氛营造能力
表达中的画面呈现能力	激发兴趣的能力	现场反应速度	遇到难题时的迂回能力
表达中的节奏把握能力	讲故事的能力	听众情绪的判断能力	冲突解决能力
语音语调的控制能力	与听众之间的亲和力	兴趣点的捕捉能力	培训道具的使用及培训现场利用能力

"照你这么说的话，按照我上次自评的结果，我应该是'偏左脑'的喽？"许静试探性地问道。

"可以这么说吧。"王振回答道。

"左右脑互动和训练确实是非常好的，能够调动学员的积极性，同时学到必要的内容。只是先这样听，我的感触不是很深，有没有什么案例可以让我看看的？这样更直观，一目了然就能了解。"许静问道。

"案例？好像有的，在我电脑上有一个今年上半年讲'目标计划制定与落实'的课程视频，我去把电脑拿过来，我们可以一起看看，分析一下里面的左右脑运用。"王振说完就起身去办公室拿电脑去了。

很快王振拿来了电脑，接上电源，打开电脑，找到视频，双击打开了视频。王振熟悉的声音从电脑的音响中传了出来。

大家好，我是本次课程授课老师王振，今天给大家分享的主题是关于如何有效地制定工作和落实计划。我们都知道工作计划对于工作的有序开展是非常重要的，好的计划不仅能够指导我们的行动，同时也能方便上级的考核和辅导。接下来，我想让大家思考并小组讨论2个问题，第一个问题是平时我们都是怎么来制定计划的？第二个问题是在计划制定和执行中我们都会碰到什么样的挑战和困难？来，给大家5分钟时间快速讨论一下，待会儿小组派代表公布你们讨论的结果。好，时间到。我们先请第一组的代表分享一下你们组讨论的结果。好，谢谢。第一组提到了计划制定好之后，就搁在抽屉里了，以后再也不会去看了，更别说去执行了，因为制定计划这个工作永远只是为了应付而去做的，写和做是两张皮，为了写而写，这也是很多人觉得制定计划是鸡肋的原因所在吧！我们再请第二组分享一下你们组讨论的结果。（然后简单给点评，后面几组以同样的方式推进。）

从刚刚大家的分享，可以看出思考和讨论的成效还是非常显著的，因

为制定和执行计划的重点和难点大家几乎都提到了。来，大家给优秀的自己掌声鼓励一下！

今天一天的时间要学些什么呢？我们会学习计划从制定到执行控制的一个完整流程，帮助大家制定翔实的计划，同时确保落地。我给每一组发了几张小卡片，现在请大家排序，你们认为什么步骤在前，什么步骤在后？来，给大家一分钟时间讨论，待会儿公布答案。好。我们来看看是怎么样的一个顺序。第一步是什么？（等着学员集体回答）。非常好！是制定目标。第二步呢？（等着学员集体回答）。第二步是大家容易忽略和出错的，第二步应该是探讨策略，这个过程是群策群力、头脑风暴的过程，通过这个过程，可以找到更多以前没有想过，或没有用过的新方法，新思路，是一个打开思路的过程，是一个创新的过程，把这些策略再延展出计划，就能更好地支撑目标的达成，所以第二步是探讨策略。第三步是什么？（等着学员集体回答）。对，是制定计划。有了丰富多样的策略，我们再把策略用 5W1H（What/When/Who/Where/Why/How Much）格式延展成具体的计划，才能帮助考核和指导执行。第四步是什么？（然后等着学员集体回答）。很好，是给予辅导，下属在执行计划的过程中，有可能会碰到超出他能力范围的、他不会做的工作，就会跑过来向你求教，这时候要怎么办？对，你要给他适时地辅导和培养，我们说在岗辅导对员工的能力成长占比达 80%。只有把你的能力和经验教给下属了，才能更好地执行和落实计划，下属都完成计划了，那你这个部门不也就完成计划了？你这个部门经理不也就完成目标了？第五步是什么？对，是管控过程，请问下属在执行计划的时候，有没有可能走偏？有没有可能不做的时候，又没有人管他，他就放在那边不去做了？有没有可能事情多了之后，忘记了做某项事情？这些情况都有可能发生。如果你只是月初制定了目标和计划，到月底之前这段时间从来不去过问计划执行和达成的情况，从来不去找下属聊聊。等到了月底，你发现计划的达成还差一大截的时候，已经来不及了，这时候，说什么都已经太迟了。所以计划执行中的过程管控还是非常重要的，能够有效地确保制定好的计划落地。

好，刚刚我们排序了5个步骤，也是我们今天一天要学习的5个章节。刚刚5个卡片排序都正确的小组有没有？有的举手给我们示意一下。好，很好，来，我们把掌声送给第一组和第五组，非常棒！知道了今天一天是学习什么的，我想请每一位学员自我思考一下，在这5个章节里，有哪一点是你之前在制定计划中比较容易忽略的？哪一点是你比较有心得的？来，给大家5分钟时间思考一下。（5分钟思考时间）。好，时间到。接下来，大家站起来之后在别的小组找到一位和你身高差不多的伙伴形成一个两人小组，然后彼此分享一下自己的观点，给大家3分钟的时间，分享完之后就彼此握个手然后回座。（3分钟分享时间）。好，刚才看到大家非常热情积极地分享自己的观点，也为自己今天的学习找到了方向和目标，这样你一天的学习会更有成效。

首先我们来讲解一下第一章节制定目标的内容。大家觉得我们工作的目标是从哪里来的？给大家2分钟时间，小组简短讨论一下，你们认为工作目标是从哪里来的？（2分钟讨论时间）。我们请小组派代表依次分享一下。（小组分享完毕）。大家说的都非常有道理，其实把大家的答案整合在一起，就完整了。我们说目标更多的是来自于组织层面的，也就是先有公司级的目标和方向，一般由总经理承担，然后分解到部门，由部门经理承担，再分解到员工，所以目标分解是从上而下的，而目标的达成是从下往

上的。这是比较科学的方法。那制定目标要符合什么样的标准？对的，要符合 SMART 的原则，关于什么是 SMART 原则，相信大家都听过很多了，这里给大家做一个连线题，请大家在学员手册上把 SMART 原则每个字母代表的意思分别和相对应的答案连接在一起。好，我们来公布一下答案。S 要和什么连在一起？对，是 Specific，明确的、具体的；M 代表什么？Measurable，指目标是要可衡量的；A 代表什么？Attainable，指目标是要可达成的；R 是指 Relevant，指目标要和工作相关，有相关性；T 是 Time-bound，指的是目标的达成要有时间期限。

在这里，我给大家写了几个目标的例子，请大家思考和判断一下，这些目标的例子里面，哪些是正确的？哪些是错误的？错误的点在哪？给大家 5 分钟时间思考一下。（5 分钟思考时间）。好，接下来和你旁边的小伙伴形成一个两人小组，互相分享一下彼此的观点，看你们的思路是不是一样的，给你们 3 分钟的时间。（3 分钟分享时间）。好，我们来快速看一下这几个案例。（接着老师和学员一起来回顾这些例子，并分析错误的原因。）

大家的学习和理解能力都很强，当我们已经理解和掌握了 SMART 原则之后，我们就要来进行实操了。现在请每组学员以你公司部门为模板，制定出三个符合 SMART 原则的目标，我们请小组派代表上台分享并点评，给你们 8 分钟时间，计时开始。（8 分钟时间）。好的，我们请每组派代表上台分表，把你们制定的目标和大家分享一下。（每组代表分享完后，内训师给点评，指出其中好的和待改善的部分，以此类推，每个小组依次登台并点评。）

大家的目标都制定得非常不错，来，我们给自己掌声鼓励一下。各位，当我们有了好的目标之后，我们要做什么？对，我们就应该来探讨策略了。这也是非常关键的一个步骤，直接影响后面3个步骤开展的有效性……

花了30分钟，王振给许静看了他认为比较重要的一些视频内容。他看到许静在看的时候也在认真做着记录，不时在有问题的地方向他请教。看到自己的下属如此热爱学习，王振也是很欣慰的，想着能多教一些知识和技能给许静。

"看完了这个视频，我要问你几个问题。你思考之后再回答我。我来看看你是否理解了这个视频的精髓。第一个问题是你回忆一下这个视频里面都有哪些授课形式？第二个问题是为什么要用这些授课形式来辅助授课内容的教学？第三个问题是这些授课形式的灵活运用对你未来授课有什么启发和借鉴意义？这3个问题我给你10分钟的时间思考，然后我们一起来探讨，这样你的学习成长速度是最快的。"王振说完抬起左手看了看他那块卡西欧的石英表。

"差不多了，王经理，我们讨论讨论吧。"10分钟还没到，许静就已经胸有成竹了。

"好啊，那你说说看吧。"王振从窗户边走回来，重新坐到椅子上。

"刚才看的时候没太在意，光在记笔记了，但是刚刚细细看了一下，发现王经理还是用了很多授课形式，不愧是集团优秀内训师啊，这授课形式都已经深入骨髓了，信手拈来。"许静先是赞美了王振一番。

王振嘴上虽然没说什么，但心里还是挺高兴。因为讲课也是他非常喜欢和自豪的一件事情，他发现在台上的时光能够让自己的生命更完整，所以无论多辛苦多累，只要有课讲，他都会尽力把课程做到最好。一方面是对学

员负责任，不想让学员空手而归；另外一方面实在是自己太喜欢了，一坐下来备课就几个小时，完全忘记了时间的存在。因为自己用大量的时间投入备课，去练习，课就会越讲越好，得到学员、业务部门、领导的认可和鼓励，所以就会更有动力去备课，去练习。因此，就进入了一个良性循环，而他的能力也在不知不觉中突飞猛进。当自己很自豪、骄傲的事情被别人赞美和表扬的时候，王振还是非常开心和满足的，也更认定了这项工作的价值所在。

"来，你继续说吧。"王振摆摆手，示意许静继续说。

"好的，那我就按照你的讲课顺序来罗列一下吧。你用的授课形式有讨论和交流、练习演练、问题互动、学员朗读、学员动手、大型研讨、习题练习、游戏互动、视频教学等。王经理你看我说的对不对？有没有漏掉什么？"许静虚心请教。

"还不错吧，基本上都说出来了，这也验证了我们刚刚说的那句话，内容比形式要重要，但是形式的比重会多过内容。"王振显然对许静的回答还是挺满意的，"如果按照课程设计的心电图来说，我们可以把授课形式和教学方法大致分为 10 种。你说的这些形式应该都包含在里面了。"

许静一听王振谈到了新名词，就赶紧拿起笔做起了记录。

"这 10 种授课形式按照授课时对成人的刺激度由低到高排序依次是阅读、听讲和观看、提问和发言、大组讨论、小组讨论、案例分析、角色扮演、自我测评、学员练习和情景模拟。关于他们的具体解释我这里有一张表格，你可以看看。"说着，王振从文件夹里抽出一张表格递给许静。

许静接过来一看，这张表格上把 10 种授课形式都做了一些解释和介绍（见下表），方便初次接触的人能够看懂。上面还画了一个类似心电图的图像（图）。

"这个就是课程设计的心电图，你在课程设计中加入较多的形式就能给予学员不同的刺激度，帮助他们愉悦地参与课程。如果课程设计只是使用单一的授课形式，那心电图就变成一条直线了。一条直线的心电图代表没有活力、悄无声息。关于教学活动的设计及使用我会在后面的分享中和你沟通。"王振发现自己一下子说得太多了，他觉得还是按部就班比较好。

课程设计的 10 种教学方法

授课形式	解释
阅读	给学员提供一份资料，让学员现场阅读。材料可以是纸质的，也可以是电子的
听讲和观看	讲授法是一种非常传统和有效的教学方法。讲授法是一位老师的基本功，是指将大量的知识和信息通过语言表达的形式传达给学员和听众，通过这个过程使信息从抽象变得具体形象，通俗易懂。同时为了帮助学员更快速理解讲师所讲内容，讲师也可借助多媒体工具（如视频、录像、幻灯片等），通过这些辅助工具，不仅刺激学员的听觉，而且刺激视觉、触觉等，给学员形成全方位的体验感受，帮助学员领会老师所授课之内容
提问和发言	提问是最好的互动。讲师通过提问题的方式，引发学员思考和讨论，这样避免学员一直被动地参与课程。学员思考和讨论结束后，由学员来发表自己的观点和见解
大组讨论	指超越组别来过行的课程讨论互动，比如行动学习中的世界咖啡活动，还有头脑风暴等，都要求学员以整个教室为活动范围来进行思维的碰撞和交流
小组讨论	指在小组范围内的讨论形式。老师给出一个情景或议题，限定时间，让学员在小组内充分交流和讨论，并在此基础上形成本小组的观点和结论。小组讨论的议题非常广泛，可以是一个案例讨论，也可以针对某个观点、结论、方法进行讨论
案例分析	将工作中出现的实际问题编辑成案例，结合背景材料等信息，让学员基于案例进行分析和讨论；并通过个性化的案例总结出共性化的处事方式，用共性化的处事方式来解决个性化的问题。案例分析可以帮助学员培养分析能力、判断能力、解决问题的能力及业务执行的能力
角色扮演	创造一个真实的环境，给出一份较详细的角色说明书，让学员来扮演其中的某个角色，通过整个过程的演绎来找到真实场景的感觉；帮助他们找到自身的优缺点，为下一步改进提供方向，同时观察者的客观反馈对于角色扮演者来说也是非常重要的

（续表）

授课形式	解释
自我测评	给学员发放测评问卷，检验学员的各种特质，如DISC性格测评问卷、职业能力测评问卷、职业兴趣测试等问卷
学员练习	基于讲师在课堂上所教授之技能和方法，学员按照老师的要求进行练习和实操
情景模拟	这是一种体验参与式的培训。这种方法因为是把学员作为主体，所以可以很好地调动学员的学习积极性。当前流行的沙盘模拟教学法就属于情景模拟教学

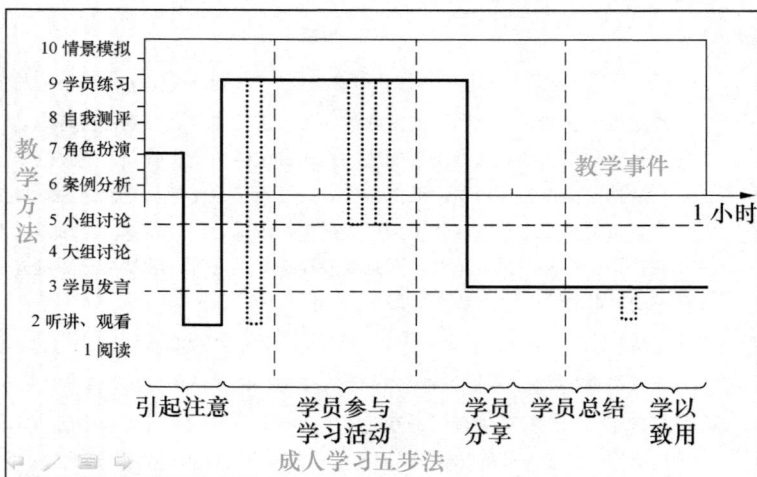

课程设计心电图

"好的，我还是挺期待这些内容的。"许静一边看着这张纸一边说，"那我继续说第二个问题了。为什么要用这些授课形式？因为当老师的授课过程没有用单向、传统、枯燥的一味的讲授模式来进行，而是注重和学员的互动，并引导学员自我思考和探讨的时候。学员能够主动参与、自己找到答案，加深学员对知识点和技能的记忆和运用。同时，老师还在课程中给予学员很多鼓励和支持，让学员可以更加放心大胆的尝试，把错误犯在课堂里，也更愿意在课后去实践和运用，通过思路的改变进而带动行为的转变，这样的课程是学员所喜欢和愿意参与的，也是符合我们左右脑互搏原理的。"许静翻了翻笔记本，"所以现在看这个视频还是非常及时的，我以前上课时讲授的比较多，没有去调动学员参与的积极性，所以导致课程效果不是很好。以后我也要活用这 10 种教学形式，用课程心电图来指导自己的课程设计，在课程中调动学员的左右脑，让自己的课程能够活起来，调动学员的参与和积极性。"许静一口气把两个问题都说了。

"你的分享还是蛮中肯的，这个左右脑共用的全脑理论确实对于我们的课程设计是有启发意义的。在授课时老师要给出一些左脑的信息，就是我们的授课内容，俗称'干货'。但是你一直给左脑的信息，就太枯燥了，学员难以消化吸收理解，情不自禁就会走神，甚至睡觉。这时候老师一旦发现有不好的苗头，学员走神了，游离了，就要赶紧采取措施，去调动学员的右脑，马上来一点授课形式，让学员思考讨论、起来分享一下、做个小互动，等等，这样学员又会保持精力充沛，积极投入课程。这时候老师看学员状态不错，就可以开始讲左脑的信息了。左脑信息讲了一会儿，发现学员累了，又开始做右脑的互动形式了。依次反复，一门课程就在不断刺激学员的左脑和右脑中结束了。所以，一门好的课程永远都不是偏脑的，都是基于左右脑的共用。通过这个视频，你应该更清楚了吧。"

"清楚了，对于左右脑互动，授课内容和授课形式的组合我已经了然于胸了。我还有新发现。"许静调皮地说。

"哦？有什么新发现？说来听听。"王振好奇地问。

许静清了清嗓子，说："就是我发现你已经把讲课的这些理念融入到你工作和生活中的方方面面了。你刚刚在教我的时候，也不是一直用单向讲授的方式给我传授知识，而是借助了视频、提问、反思、辅助资料、鼓励等方式。所以我会觉得这个学习的过程很轻松，没有什么压力，而且知识理念却实实在在掌握了。你说对吧，王经理？"

王振没有说话，只是微笑地点了点头。

"以前我总以为上课就是上课，很多技巧和方法只有上课能用，上课之余是没法用的。那我干嘛要花那么多时间去准备？去学习？我又不是靠讲课吃饭的。但是今天看到你的表现，我发现其实你能把课讲好，你的技巧在辅导别人、和别人沟通等场景都是可以用的。一个真正的高手，或者说一个真正把一件事情弄懂的人，一定是能够活学活用、能够融会贯通的人，而不是只见树木不见森林、捡了芝麻丢了西瓜的。所以我认识到了自己以前的想法是错误的。现在也更急迫地想把授课这门技术学好了。感悟比较多，说得有点乱，王经理见谅。"许静调皮地吐了吐舌头。

对于许静的这番话，王振还是蛮欣慰的，他没想到这个小女孩会有这么多的感触和想法，而这也正是一个培训师所需要的敏感度和洞察力。"你能有这么深刻的感悟我真是没想到，说明你真的用心投入在做这件事情。很多时候，当你站在讲台的时候，不要太把自己当老师，你就想着我是来和大家分享我的知识和经验的，我该怎么样让这个半天或者1天更有效呢？当你经常这么去想，你的授课技巧自然就会用得随意自然。就像我是想帮助你提升授课能力，让你以后能用得上，而不是要证明我比你强。所以我会不经意地用一些教学的方法，心里怎么想的，外在的行为表现就会自然流露出来。"

"嗯，谢谢王经理倾囊相授！小女子这厢有礼了！"许静夸张地作了个揖。这可把王振逗乐了："哈哈哈哈，今天就这样吧！下次我们继续。"

第三讲
做足准备 1

66 今天我们主要讲讲一个老师的准备事项。你觉得一个老师做好准备重

要吗？"王振问道。

"那还用说啊，当然重要了。我现在向你学习，不就是在做准备吗？"
许静不假思索地就做了回答。

"是的，准备确实非常重要，我给你举两个例子，你就更有感触了。
第一个是雷军，第二个是乔布斯。雷军有一次公开演讲的时候，说自己是
如何来写演讲稿的。'我们有一个四五人的核心团队，会有四五十人参与，
一般会写一个月到一个半月，我自己每天会花 4 ～ 5 小时，一般会改 100
遍以上，每一张都要求是海报级的。写完了稿子以后，要推敲每 5 分钟听
众会不会有掌声，每 10 分钟听众会不会累，我们是应该插短片还是插段子，
还是插图片，怎么调动全场气氛，怎么能确保这个发布会一个半小时能

结束。我一个人从头讲到尾，保证那一个半小时里面，能让你全场觉得无尿点。'"

"真的是完美主义，精益求精！难怪他们的小米卖得那么好！"许静不无佩服地说。

"是的，这都是要做大量准备的。乔布斯就更厉害了。雷军场地租两天，他一般都要租两个星期。他们几十人的团队有时候会为了一个时长 5 分钟的演示准备几百个小时。是几百个小时，而不是几十个小时。早些年的时候，乔布斯在排练演讲中最重要的一段内容，就是他要让某个电脑产品和观众亮相打个招呼的场景，这些电脑此时就应该从一块深色幕布的后面滑出来。但是就是这么一个小动作，乔布斯对灯光很不满意，他想让灯光更强，而且早点亮，于是他们就一遍一遍地重复试，直到最后乔布斯发出了'哇'的一声赞叹，他们才打造出了一种完美的灯光与机器配合呈现的效果。这两个故事你听了有什么启发？"王振问许静。

"现在很多公司都在追求产品的极致体验，打造一个完美产品来俘获消费者的心。其实作为一名老师来说，也应该是一位产品经理，而课程内容就是你的产品，当你自己站上讲台之后，甚至连老师自己都是产品，因为只有靠你声情并茂的演绎，才能让学员更加了解你的内容。所以老师应该不断精心准备自己的课程，精益求精，好上加好，不断否定过去的自己，努力修炼提升自己，这样才会成为一位受人尊敬的老师。"

"是的，你说的产品经理这个比喻非常好，老师就是追求细节、不断和自己较劲的角色。你能够理解我两个故事的内涵我就很欣慰了。那你觉得一个老师需要在哪些方面做好准备？"王振继续问许静。

　　"一个老师应该准备好多东西吧。首先内容要准备好，至少你总不能时间没到，但你课程内容却讲完了，那就不好。还有就是自己的心态也要准备好，心态不好是会误人子弟的。其他的应该就是一些教学设备什么的，比如投影仪、白板、白板笔之类的，这些设备没有的话，对课程的开展影响也是很大的。"许静试探着说。

　　"你说的已经差不离了。基本上一个老师的准备就分三类，内容上做好准备，心态上做好准备以及设备上做好准备。"王振对于许静的回答给予肯定，"首先我们来说说内容上的准备。要设计和准备好课程的内容，首先你得先知道成人学习和教育的不同点，以及成人学习的九大原则。"说着，王振递给了许静一张纸。

　　许静一看，是一个表格，上面列名了成人学习与教育的不同点。

<table>
<tr><th colspan="2">成人学习和教育的不同之处</th></tr>
<tr><th>成人学习</th><th>教育</th></tr>
<tr><td>学习者被看作学员或学习者</td><td>学习者被看作学生</td></tr>
<tr><td>认为学员有独立的学习风格</td><td>认为学员没有独立的学习风格</td></tr>
<tr><td>目标灵活，可为个人或小组定制</td><td>目标既定而不灵活</td></tr>
<tr><td>设想学习者可以贡献经验</td><td>设想学习者没有经验而且缺乏知识</td></tr>
<tr><td>使用积极的训练方式，如案例分析、角色扮演等</td><td>使用讲座等消极的培训方法</td></tr>
<tr><td>学习者影响学习时间和进度</td><td>培训者控制时间和进度</td></tr>
<tr><td>相关学员对培训至关重要</td><td>学员对培训经验贡献少</td></tr>
<tr><td>学习着眼于现实中的问题</td><td>学习集中于内容</td></tr>
<tr><td>学员被视为事例和解决方法的主要来源</td><td>培训者是提供答案、事例和解决方法的主要来源</td></tr>
</table>

　　"所以成人学习会更关注学员的学习进度和现场反应，以学员的反应

来进行内容的调整和呈现。"王振解释道。

等许静看完后，王振又递过来一份资料，许静看了一眼，是成人学习的九大原则（见下表）。

"成人学习是有其固有的一些特点和指导原则的，而这些特点是内训师在培训前应该认真考虑的，内训师必须熟悉并据此合理设计培训教材，只有顺着成人学习的特点和思路进行培训前的准备和课程思路的梳理，才能确保学员喜欢并融入课程，把你的知识和经验传达给学员。反之则会把学员推离你的课堂，让他的学习体验糟糕至极。这9种指导原则分别是温故知新原则、适应匹配原则、积极反馈原则、主动学习原则、多维感官原则、总结练习原则、内在动力原则、强调重点原则、双向沟通原则。发给你的资料上有详细的说明和注意事项，你可以看一看。"

成人学习的九大原则基本含义及注意事项

对应原则	基本含义	应用中的注意事项
温故知新原则	• 温故知新原则告诉我们，对于之前已经学习过的内容，学员是很容易记忆和重新接受的 • 基于温故知新原则的含义，我们可以在教学场景中加以使用。第一，在培训一部分内容之后，要经常加以回顾和总结，以提升学员对关键内容的记忆程度。第二，在教授学员最新、最陌生内容和项目时，可以想办法和学员原有的知识和经验产生联结，用旧有的知识体系来理解和融合新的内容，可以帮助学员更好地理解所学内容	• 内训师应经常组织学员重述课程前面所讲述的重要内容，可由内训师带领学员回忆内容，也可由学员自行讨论和分享 • 重视每一次培训的结尾，应花一些时间来对整个培训课程进行总体性的回顾，强调要点和关键的信息内容，最好能把这些信息和关键点串联起来，方便学员消化和吸收 • 要能够让学员感受到参加课程之后自己对某些知识点的理解和记忆，同时学习带来的进步和改善

（续表）

对应原则	基本含义	应用中的注意事项
适应匹配原则	• 适应匹配原则告诉我们，内训师提供的课程所有信息（包括故事、案例、知识、游戏、视频等）都应该满足学员的兴趣和需求，因为内训师的授课要以学员为主体 • 因此如果内训师举办的课程与学员所想要的需求联系不紧密的话，学员很快就会失去学习的兴趣和动力，甚至离开教室 • 人人都不喜欢改变，内训师要创造机会让学员觉得新知识可以和以往的旧知识产生联结，而不是抛弃旧知学习新知，这样才能削弱学员学习新知的恐惧感，加强其投入度	• 可与部分学员代表及其领导沟通，了解其学习目的及需求，课程准备更有方向，增加课程的匹配性 • 摆脱单一的授课模式，综合运用各种教学方法（如案例教学、视频教学、角色扮演等），形式多样，喜闻乐见，这是学员喜欢和乐于接受的 • 适时地鼓励和认同学员，塑造积极的学习氛围
内在动力原则	• 内在动力原则告诉我们，一切改变均来自自我的渴望。只有学员自己想要改变，想要提升，他们才会在培训的过程中积极投入和付出，积极反思和讨论，培训才能事半功倍，培训效果才会好 • 学习氛围很多时候是由学员的学习动力影响的，当学员都摆正心态，动力强劲，学习氛围自然就好起来了，也减轻了内训师的授课压力 • 如果授课忽略学员的内在动力原则，不注意去引发学员的动力，培训效果将会大打折扣	• 内训师要了解学员的学习目的和需求，并以此为依据备课，同时要有准确告知学员培训能够帮助他们解决什么问题，来激活和保持他们的学习动力 • 老师是学员的镜子，要想让学员充满求知欲，保持学习动力，老师自己也要严格要求，对培训课堂保持高度的热情和投入度，这样才能潜移默化地影响学员 • 学习是循序渐进的过程，内训师应该由已知到未知的教学方法，从学员熟悉的要点为引子开始，再慢慢导入到其他相关知识
强调重点原则	• 学员对于第一个学习的要点将是掌握得最好的。所以内训师应该把重点的环节和内容安排在学员第一印象和第一则信息中 • 可以把课程的纲要和脉络在课程一开始就用模型和挂图等形式展示给学员，说清楚里面各个知识点之间的逻辑关系和	• 确保把你的重点内容放在课程的靠前位置讲授，并进行多次强调 • 设计好你的开场白，好的开始是成功的一半，确保开场白能够内容翔实，生动有趣

（续表）

对应原则	基本含义	应用中的注意事项
强调重点原则	脉络结构，并在后续的课程中一点一点地把内容延展、扩散开来 • 确保学员第一次接受的观点、信息、方法都是正确的，人是习惯性的动物，一旦有了固有观念，以后要改正，就要花很大的成本和代价	• 为了确保第一次教授内容的正确性和准确度，尽量找一些公司内部较有资历和经验的中高层或专家授课
双向沟通原则	• 学员是活生生存在于课堂的，培训应注意与学员的双向互动交流，而不应该是内训师的一言堂，学员渴望参与到课堂中来，和老师互动交流，解决问题	• 在设计课程的时候，内训师就应该设计相应的互动讨论环节，并做好备注，以提醒自己刻意和学员进行互动交流；刻意互动交流多了，形成习惯了，就自然而然会和学员交流互动了 • 内训师的肢体语言也是双向沟通的重要内容，同时也要确保肢体语言与所授内容的匹配及一致性
积极反馈原则	• 无论是内训师还是学员，都必须从对方的反馈信息中找到必要的反应。内训师通过反馈了解到学员对内容的理解程度和参与程度，从而判断是否需要放慢速度，或重新讲诉一遍，等等，学员则从内训师的反馈中看到自己的表现，了解自己在哪些方面做得不错，哪些方面亟待提升和完善 • 反馈分为两种：正面反馈和负面反馈。正面反馈可以让学员感到被内训师的重视，可能会激发其更大的潜力；负面反馈则帮助学员找到不足，但过多的负面反馈可能会让学员失去信心，放弃学习和改变	• 内训师在授课时候要眼观六路、耳听八方，随时关注学员的细微表现，并随时以各种方式（包括测试、提问等）获得学员的反馈 • 同时在学员回答结束后，内训师应以最快的速度对其表现做出明确反馈，因为学员也渴望来自内训师的反馈 • 正面反馈和负面反馈的融合会显得更客观一些，也是学员比较容易接受的，所以内训师切忌一味赞美和讨好学员，而忽略了其可以提升和改善的空间 • 反馈是一项技术，需要内训师平时多练习，学会对学员的反馈保持敏感，才能确保你的反馈一针见血，令学员心悦诚服

（续表）

对应原则	基本含义	应用中的注意事项
主动学习原则	• 学员主动地融入培训过程，能够学到更多的知识，这正验证了那句名言，从行动中学习 • 主动学习的另一优点在于能帮助内训师维持学员的清醒和注意力的集中——成人一般无法按捺住性子在教室里一坐一整天	• 在课堂讲授中，多加入一些让学员能够主动学习的活动（如讨论、分享、提问、角色扮演等），学员的参与让课程效果更好 • 涉及教授学员技能的课程时，一定不能只是讲理论，一定要让学员去动动手，去尝试做一做；要不然很多时候，学员在课堂里感觉都听明白了，听懂了，但是回岗位之后，却还是不会做
多维感官原则	• 多维感官学习原则（包含触觉、听觉、视觉、味觉）告诉我们：如果学员能运用多维重感官去学习，其效果会事半功倍 • 如果内训师教授学员一种新型的电脑产品，他们可能记住。如果你向他们继续展示这个产品，他们大多会记住。可如果让他们去摸，去看，去拆解一下，那么谁还会忘了这种新型的电脑产品呢	• 如果有条件，在讲解某些课程时，可结合实物进行讲解。比如讲解消防安全知识的课，就可以带一个灭火器，结合灭火器进行讲解，学员印象更深刻 • 创造条件让学员实现多维感官的学习体验，但别为了体验而体验，注意一切课程形式的设计都是为了内训师的课程服务的
总结练习原则	• 总结练习原则，指的是"重复学习"和"意象再现"。最好的记忆方法就是重复，让学员们不断练习、重复新的信息和内容可以提高他们在短期内记忆新信息的可能性和成功率 • 实际操作中可以这样去做：内训师先讲授相关内容和过程，然后演示大纲和提要，再展示最终产品，最后再让学员按着要求重复几次 • 练习也必须保证一定的强度。实验证明，缺乏各类型的训练和练习，学员将在6小时内忘记所学内容的25%，24小时之内忘记30%，6星期内忘记90%以上	• 让学员反复的内容越多，他们能记忆的信息就越多，所以在课堂中，内训师要都加入一些让学员练习、总结的环节，引导和鼓励其不断练习和总结 • 注重练习和总结的趣味性，人人都喜新厌旧，对于旧知识的练习和总结就要设计新颖的形式，让学员乐于参与

"原来成年人学习还有这么多原则和特点啊！以前根本没去注意这些事情，难怪上课总觉得好累，成效也不太好。"许静恍然大悟。

"是的，就像我刚刚说的，成人本身具备一定的知识和经验，有自己的想法和思路。一定要顺着他们的思路走，用他们喜闻乐见的方式给他们授课，才会起到比较好的效果。这个内容比较多，建议你回去之后再好好消化体会一下。其实里面的很多内容和上次提到的授课内容和授课形式，左右脑互动是相通的，彼此联系起来看，会让你更有感触。"

"嗯，好的，谢谢王经理。"

"当我们了解了成年人学习的特点和原则以后，接下来再来讲讲内容准备的一点技能就是关于课程内容的组织和安排。"王振说道，"内容组织好了，可以帮助老师减轻授课的压力。让授课变得更轻松。内容组织就像一出戏的脚本一样，会决定整出戏的一个走向。"王振喝了口水，清了清嗓子继续说道，"因为我们集团的课程时间一般控制在 3 小时左右，所以接下来我就介绍一种快速产出课程大纲的方法，可以帮助你快速厘清课程大纲的思路。学习如何设计大纲之前，我们先来关注传统课程开发模式和现代课程开发模式的不同之处。"于是王振起身来到白板边上，在白板上画了这么一个表格，来说明两者的不同之处。

传统课程与现代课程开发模式的不同之处

	传统课程开发模式	现代课程开发模式
目标	培训	学以致用
思维方式	发散，以培训主题为中心	聚焦，聚焦关键问题的改善
核心	为训师和主题	学员需求
关注点	我能讲什么	学员应该听什么
特点	力求大而全	强调针对性和实用性

"从此图我们可以看出现代企业的课程开发追求落地性、实操性和实用性，重在关键问题的解决和改善。所以培训结束后，如果有助于解决问题，那这样的课程就是好的课程；如果对解决问题没有实质性的帮助，那就是浪费时间的课程。"王振拿着一支白板笔边指着这个表格边说了这么一段话，"基于这样的理念，我们介绍第一种课程大纲的快速罗列思路和方法：三问法。"说着，王振在白板上写了三行字。

▶ 概念式：是什么（**What**）

▶ 原理式：为什么（**Why**）

▶ 流程式：怎么做（**How**）

"关于这三行字，你怎么看？"王振写好之后问许静。

"'是什么'是不是就是老师讲课的知识点、原理什么的。'为什么'应该就是讲这个的理由，强调重要性。'怎么做'就是追求落地，教你一些做的步骤、流程和方法。是这样吗？"许静问王振。

"差不多吧。其实你会发现几乎所有的课程都是由这三部分所组成的，只是因为课程主题的不同，课程侧重点的不同，课程所针对对象的不同而导致每部分内容在课程总时长中所占比例的不同。我们现在结合《时间管理》这个课程来讲解如何根据'三问法'来快速罗列课程大纲。首先罗列'怎么做'的内容。也就是说通过这个课程你想教会学员什么技能和方法？通过《时间管理》课程，你想教会学员'艾维·李的效率法'、'一周时间运筹法'、'提高效率的三个问题'、'效能提升法'这4个工具和方法。接着再来罗列'为什么'的内容：时间管理的重要性，时间管理的目的。最后来罗列'是什么'的内容：时间的特性、时间管理四个发展历程、时间管理四象限分析、时间管理的六个概念。"王振一边说一边在白板上快速地写着。而许静则在快速地记着笔记。

"这样罗列好之后，课程的一级大纲就出来了。"王振给刚刚写好的课程内容加了几个框框，'时间管理'这门课程的一级大纲就出来了。

《时间管理》课程的一级大纲

课纲梳理思路	一级大纲
是什么	• 时间的特性 • 时间管理四个发展历程 • 时间管理四象限分析 • 时间管理的六个概念
为什么	• 时间管理的重要性 • 时间管理的目的
怎么做	• 艾维·李的效率法 • 一周时间运筹法 • 提高效率的三个问题 • 效能提升法

"再把一级大纲的内容再做细分，产出二级大纲，这样'时间管理'这门课程的大纲就已经基本成型了。"王振补充道。

《时间管理》课程的一二级大纲

课纲梳理思路	一级大纲	二级大纲
是什么	• 时间的特性	无法存储 无法取代 供给毫无弹性 无法失而复得

（续表）

课纲梳理思路	一级大纲	二级大纲
是什么	• 时间管理4个发展历程	第一代：时间增加和备忘录 第二代：工作计划和时间表 第三代：排列优先顺序以追求效率 第四代：以重要性为导向，价值导向，目标导向，结果导向
	• 时间管理四象限分析	重要性高，紧迫性高 重要性低，紧迫性高 重要性低，紧迫性低 重要性高，紧迫性低
	• 时间管理的6个概念	消费与投资 机遇与选择 应变与制变 效率与成效 紧急与重要 反应与预应
为什么	• 时间管理的重要性	有效时间管理可减轻工作压力 有效时间管理可思考工作计划 有效时间管理可提高组织效能 有效时间管理可促进目标达成
	• 时间管理的目的	时间管理就是达到"三效"：效率、效果、效能 效果：是确定的期待结果 效率：是用最小的代价或花费所获得的结果 效能：是用最小的代价或花费，获得最佳的期待结果
怎么做	• 艾维•李的效率法	10 分钟 6 件事的思维 用 5 分钟列出下月要做的 6 件事 再用 5 分钟时间按照重要性排序 6 件事 写在卡片上并贴在工位上指导工作
	• 一周时间运筹法	一周 7 天的时间记录表（记录 2 周左右） 上午、下午、晚上全程记录你的工作和生活时间 找到自己耗费时间的盲点 对未来时间管理有重要的指导意义

（续表）

课纲梳理思路	一级大纲	二级大纲
怎么做	● 提高效率的3个问题	能不能取消它？ 它能不能与别的工作合并？ 能不能用更简单的事情替代它？
	● 效能提升法	紧急又重要的事情马上就做 紧急不重要的事情授权去做 重要不紧急的事情计划着做 不紧急不重要的事情不做

"这个方法做出课程框架和大纲还真是挺快的呢！"许静不无佩服地说。

"是的，这样的方法会让你的思路比较清晰，且简单易做。只是在实际操作中，最好要围绕员工的关键任务来进行内容组织，这样效果会好些。"

"什么是关键任务，三经理？"许静满脸疑惑。

"简单地说，一个岗位有很多任务，有一些是属于关键任务，培训就要找那最关键的 20% 的任务，把这些任务学会了，就会做其他的任务了。而且基于关键任务的教学，是只讲目前这个模块需要的知识，其他知识暂时用不到的就不讲。"王振摸了下鼻子继续说道，"你看比如我在教你如何授课的这个过程，就是基于关键任务的教学。一个老师要上好课需要学很多知识，什么认知心理学、组织行为学、教学设计原理等，光书籍可能就有几十本，但我并没有把这些信息一股脑儿都教给你，而只是教当下你需要的知识点和内容，这就是基于关键任务的教学。"

"对接教学这个任务，只教和现在目的挂钩的内容，这样我学会之后就能胜任教学这个工作，同时也不会因为学习过多的知识点而迷失自己。"许静补充道。

"是这个意思，所以要围绕关键任务进行教学。同时你在对课程大纲进行分解的时候，最好也能够去和相应的业务专家做一些访谈。"

"为什么要去访谈他们呢？"许静问道。

"如果你去访谈业务专家，萃取他们身上做这个事情的成功之处，或者失败之处，然后把这些知识作为你的课程内容进行呈现，就会非常贴合学员的工作实际；学员只要学习了专家的这些成功之处，那么也能缩短他们在岗位上独当一面的培养时间；同时学习专家的失败之处，也能避免此类事情的再度发生。如果没有去提炼和总结专家身上的经验，作为你的课程梳理的内容，你会习惯性地按照自己的思路和现有的知识储备去分解和规划内容，这样的课程和公司的现状贴合就比较弱，不容易引起学员的共鸣，不够落地。"

"我明白了，王经理，这个方法虽然能快速整理出课程大纲和框架，但是一些关键步骤还是不能少的，所谓快而好。"许静说道。

第四讲
做足准备 2

" 上一次我们讲了内容的准备，今天我们接着再来讲一讲老师的心态素养准备。"王振起了个头，"内训师的心态素养一共有四项。"王振一边说着，一边在白板上画了个图。

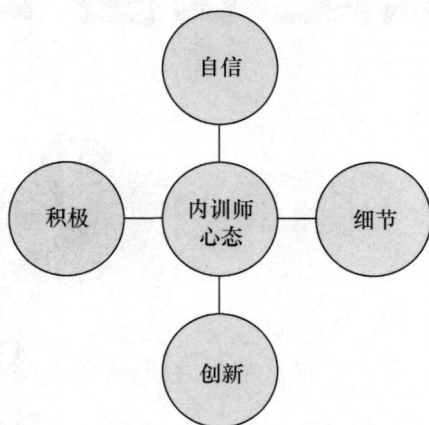

内训师的四大心态素养

　　"首先，内训师要自信，其实要关注细节，还要有创新意识，并且要积极，意愿要高。"王振结合这个模型做着简单的解释，然后递给许静一张纸。

　　许静拿过来一看，上面是四个心态的解释，同时每一个心态都附有一两个案例，以期让她对四种心态有更加直观的认识。

心态	解释
自信	作为一位授课老师，自信是其基础，也是非常重要的一项心态。自信表现为老师对自己所授课程内容的自信、对自己在所研究专业领域的成果的自信、对学员在课堂中的各种行为和表现展现出自信。一位自信的老师能够在台上展现其应有的魅力，并带领学员到达他们不曾到过的高度

☞ [案例] 疤痕实验

　　这是一个著名的心理学实验，在西方，心理学家做过这样一个试验，一个人刚经历了一场车祸，所幸并无大碍，心理学家在这个人的脸上画了一个很大并且十分丑陋的"疤痕"，并让他照了镜子，心理学家对他说："很遗憾你现在脸上有这样一个疤。"然后把镜子拿开了，这个人非常沮丧。专家对他说："现在我给你的疤痕搽点药水。"（实际上专家把画上去的假疤痕擦掉了，这个人的脸是完好的并且样貌英俊）专家告诉他，一会儿有一些人会来看他。专家离开后，一会儿果然陆陆续续来了一些人看他，后来心理学家走进来问这个人对看望他的人有什么看法。他显得沮丧极了，甚至有些爆躁地告诉专家："他们所有人对我都很不友好，很不耐烦，他们都讨厌我，厌恶我的疤。"

　　脸上并没有疤痕的他，为什么会这样呢？不正是因为他失去了自信吗？

☞[案例] 心灵之花

故事发生在加拿大的一个小镇，小镇上有一个女孩，从小没了父亲，与母亲相依为命，过着贫寒的日子。她从来没有穿过漂亮的衣服，更没有带过首饰，她很自卑，觉得自己长得难看又寒酸；走路时总是低着头，害怕别人的眼光；她一直暗恋一个男孩，却觉得那个男孩永远不可能注意她，自己是那么平凡，别人都比她漂亮。

在她 17 岁生日那天，妈妈破天荒给了她 20 块钱，让她去买点她喜欢的东西；她很兴奋，一时不知道该买什么好。最后，她紧紧握着钱，来到商店，一狠心买下了那朵她渴望已久漂亮的头花。售货员帮她带在头上，对她说："瞧啊，你带上这花多漂亮！"她望着镜子里带着头花的自己，顿时神采飞扬，她说了一声"谢谢"，转身就兴冲冲地往外跑，在商店门口，她隐约感到撞了一个老先生，可是她已经顾不上这些，飘飘然来到街上；她感到街上所有人都在看她，好像都在议论："瞧，那个女孩真是太美了，怎么从来不知道镇上有个这么美丽的姑娘！"

迎面走过来她一直暗恋的男孩，奇迹发生了，那个男孩竟然约她去参加舞会。

女孩高兴极了，她想索性把剩下的钱再给自己买点东西吧；于是她又"飘"着往商店返，被她撞到的老先生拦住了她，说到："姑娘，我就知道你会回来的，瞧，你刚刚撞掉了头上的花，我一直等着你来取。"

是啊，比漂亮的头花更能装扮我们的是自信，而自信不正是我们每个人的心灵之花吗？

心态	解释
细节	老师在备课时，有时也要在细枝末节上下工夫。比如，一个案例素材的收集，一个练习的点评准备等。只有在细节上下足工夫，才可能给学员耳目一新的听课感觉。 同时老师在讲台上要做到眼观六路，耳听八方，要能听其言、观其行。不断注意学员的细微变化，并依据这些细微变化不断调整自己的课程。 课程结束后，也要关注学员的反馈，不断修改和完善自己的课程，你的课程才能越来越受欢迎

☞［案例］刘立荣的故事

刘立荣，湖南益阳人，金立通讯集团董事长兼总裁，身家 15 亿元，手机月均销量 45 万部，年销售量超 500 万部，集团年利润超 3 亿元。

李盛，湖南新化人，刘立荣的大学同窗，现为上海一电子公司的技术员，月收入 5000 元。李盛与刘立荣原本是最要好的大学同窗，也是一对当初同闯广东、同住一间宿舍、没钱时一同挨饿的患难兄弟。然而，10 多年过去，这两个兴趣相投、爱好相近的患难兄弟，其命运为什么会产生如此大的落差呢？近日，有人专访了李盛，从他的反思中找到了一个令人感悟颇深的原因。

4 年同窗，最烦就是刘立荣喜欢"小题大做"。李盛曾经十分看不惯大学同学刘立荣在小事上的较真儿，但他万万没有想到，正是这种差别，使得刘立荣如今成了身家 15 亿元的大老板，而自己却仍然是月薪不过 5000 元的普通职员！

大二第二学期，为了赚取生活费用，刘立荣提出利用晚自习后的时间，到各个男生宿舍卖牛奶和面包。两人进行了分工，李盛负责去第三、四栋男生宿舍推销，刘立荣则负责第五、六栋宿舍。刚开始，两人每晚都能赚六七元钱，可不久刘立荣的钱越赚越多，李盛却越赚越少。李盛不服气，可两人调换推销宿舍后，刘立荣每晚还是能多赚七八元钱，而李盛依然越赚越少。一天，刘立荣看到李盛穿着一身汗透了的球衣，抱着食物箱就准备出门，他才恍然大悟地说："你太不注意细节了。像你这样脏兮兮的，谁敢买你的食品呀？"李盛此后听从了刘立荣的建议，每晚出门前将自己收拾得干干净净，一段时间后，他的"生意"果然渐渐好了起来。

这件事后，李盛有些佩服刘立荣注意细节的优点了。毕业后，两个同窗好友坐上了南下的火车，去广州寻找更好的机会……

他俩去中山小霸王电子智能科技公司应聘技术员。出门前，李盛不慎碰翻水杯，将两人的简历浸湿了。他们将简历放在电风扇前吹吹后，李盛把简历和其他一些东西放进了包里，就连连催刘立荣快走。可刘立荣却将简历夹进一本书里，又认真地压平整，才双手将书捧在胸前出门。李盛不由埋怨说："你真磨蹭！"

到了小霸王公司的招聘现场，负责招聘的副总经过与他俩交谈，对他俩良好的专业知识很满意。然而，当他们递上简历时，李盛的简历不仅有一片水渍，且放在包里一揉，加上钥匙的划痕，已经不成样子了。那位副总不由皱了皱眉头。到了下午，刘立荣被通知去面试，并且应聘成功。没得到面试机会的李盛急得快哭了！刘立荣便说："我们去问问吧！"当他们询问时，那位副总马上反问李盛："你连自己的简历都没能力保管好，我怎么能相信你工作上的能力？"一旁的刘立荣斗胆说："他是我同学，专业知识比我过硬，既然你相信我，也应该相信他……"李盛这才得到了面试的机会。好在面试时表现不错，李盛最终也和刘立荣一样被小霸王公司聘为技术员。

上班后，两人又同住一间宿舍，一同上下班，一起吃饭，一起抽7元钱一包的红双喜香烟，甚至凑钱买了一套罗蒙西服轮流穿，工作上也互相帮忙。1995年6月底，技术主管让他俩各自设计一套程序。李盛凭着过硬的专业知识，一个晚上就完成了。次日上午，他在宿舍里美美地睡了一觉，下午一进办公室，发现双眼充满血丝的刘立荣仍在埋头查资料，他便说："你还爱磨蹭！我来帮帮你吧！"在他的帮助下，刘立荣下午也完成了设计。李盛说："差不多了，休息吧。"说完，他便又回到宿舍睡觉去了。

李盛离开后，已经两天一夜没睡觉的刘立荣又将程序检查了好几遍，即便觉得没有瑕疵了，他还是将图重新誊写了一遍，直到自己满意才罢休。第二天，技术主管看了图纸后，说："从你们交上来的图纸看，小李的专业基础很扎实，可图纸潦草、脏乱，对工作太毛躁了；小刘的图纸一丝不苟，做事踏实，令人放心……"李盛不服气地想：图纸你看得懂不就行了，干吗非要清洁干净不可？真是吹毛求疵！

不久，为了制图方便，技术部准备更换一台新电脑，需要由他们在报告上签名。报告写好后，李盛大笔一挥，将自己的名字签得老大。刘立荣提醒说："你的签名这么大，领导的名字往哪里写？再重新写一份报告吧。"李盛却说："你太小题大做了吧？他们随便签在哪儿不行吗？"

1995年10月底，技术部一台车床起动时，起落架无法收回，导致无法运转。主管技术的副总检查后，发现原来是起落架上的插销没有拔出。故障排除后，刘立荣写了一份标准操作规范贴在机器上，不但写清不要忘记拔插销，而且对插销要怎么拔，拔出后后退几步、放在何处，都写得清清楚楚。李盛不屑地说："你这不是多此一举吗？大家有了教训，应该已

经记在心里了。"然而，副总来检查工作时，看到这张注意事项，高兴地说："写得好，如果都像你一样，留下注意事项，新员工就会避免犯同样的错误了。"

一天晚上，刘立荣一边与李盛下棋时，一边打电话对公司文员再三叮嘱："从东莞去广州，你一定要给他买靠右边窗口的车票，这样他坐在车上就可以看到凤凰山；如果他去深圳，你就要给他买左边靠窗的票……"李盛不解地问："到底接待谁呀，你这样婆婆妈妈？"刘立荣说："中国台湾顺翔公司的杨总，他出门时不喜欢坐汽车而喜欢坐火车。这样，他一路可以欣赏凤凰山的风景。"李盛笑道："这些小事你也装在心里，累不？"可令他没有想到的是，这件小事竟然给公司带来了 2000 万元的业务。

原来，4 个月后，中国台湾的杨总在和刘立荣聊天时，无意中问起这个问题。刘立荣说："车去广州时，凤凰山在您的右边。车去深圳时，凤凰山在您的左边。我想，您在路上一定喜欢看凤凰山的景色，所以替您买了不同的票。"杨总听了大受感动，说："真想不到，你们居然这么注重细节，和你们合作，可以让我放心了！"杨总当即将本已决定交给别的公司的 2000 万元订货单，改交给了刘立荣。李盛听说此事后，心里也很震撼！

2002 年 7 月的一天，李盛与刘立荣在虎门镇相遇。刘立荣告诉李盛，自己准备辞职，筹资成立一家属于自己的通讯设备公司，并邀李盛和他一起干，可李盛摇了摇头，说："我已经买了房子，不想再奔波了……"

此后，刘立荣招兵买马，创建了金立通讯有限公司。一晃 7 年过去，李盛仍只是一个技术员，依然抽着 7 元钱一包的红双喜香烟，挤公交车上下班；而刘立荣贵为金立集团的总裁，开着奔驰 600 轿车，成了亿万富翁。

2009 年 3 月，兴利电子公司由于受金融风暴的影响破产了，李盛只得到深圳另找工作。此时，刘立荣的金立集团已成为国内手机企业的重要品牌，他自己身家 15 亿元。李盛想过请昔日的哥们刘立荣帮助自己谋一份职位，却又觉得没脸相求。2009 年 9 月，他在上海的一家电子公司重新找到了工作，月薪 5000 元。

接受采访时，李盛反省说："以前，我总觉得刘立荣职务扶摇直上，事业飞黄腾达，是一种偶然和幸运；我现在才明白，是因为他凡事注意细节、不断进步。细节决定命运啊！"

细节决定命运，李盛的反思确实有道理！无论在生活中，还是在工作上，是否能够注重细节，绝对影响着我们每个人的命运。年少时同样高矮的伙伴，每个月可能只会比自己高一毫米，差距毫不起眼，可十年八年后，他可能就会长成巨人，而自己却形同侏儒。刘立荣的成功，肯定是因为他有很多优点，但他在职场从起步到成为老总这个人生最重要的跨越阶段，注重细节，绝对是他赢取人生每一步的重要原因。因为，注重细节不仅仅是一种习惯，更是一种高级职业精神，它能引领你不断完善自己的人格和能力，一步步走向成功！刘立荣的成功经验，值得我们每个职场人学习和深思！

心态	解释
创新	对于老师来说，每一次上课都是现场直播，都是没法NG的。因此可以说每次上课都是创新，因为每次上课的学员都不一样，碰到的情况可能也不一样。但是同样的情况对有些老师来说，就不是创新，因为即使学员不一样，老师还是用同种方式在上课，这对学员来说就是煎熬。 创新体现在老师尝试用不同的方式对同一内容做不一样的演绎呈现，创新体现在老师用新的角度来看待一个知识点，创新体现在老师把课件做了重新的排序。创新无处不在，重在老师求新求变，不断做好现有资源重新的排列组合

☞［案例］牙膏开口扩大 1mm

美国有一家生产牙膏的公司，产品优良，包装精美，深受广大消费者的喜爱，每年营业额蒸蒸日上。

记录显示，前 10 年每年的营业增长率为 10%～20%，令董事部雀跃万分。不过，业绩进入第 11 年、第 12 年及第 13 年时，则停滞下来，每个月维持同样的数字。

董事部对此 3 年的业绩表现感到不满，便召开全国经理级高层会议，以商讨对策。

会议中，有名年轻经理站起来，扬了扬手中的一张纸对董事部说："我有个建议，若您要使用我的建议，必须另付我 5 万元！"

总裁听了很生气说："我每个月都支付你薪水，另有红包奖励。现在叫你来开会讨论，你还要另外要求 5 万元，是否过分？"

"总裁先生，请别误会。若我的建议行不通，您可以将它丢弃，一毛钱也不必付。"年轻的经理解释说。

"好！"总裁接过那张纸后，阅毕，马上签了一张 5 万元支票给那位年轻经理。

那张纸上只写了一句话：将现有的牙膏开口扩大 1mm。

总裁马上下令更换新的包装。

试想，每天早上，每个消费者多用 1mm 开口挤出的牙膏，每天牙膏的消费量将多出多少倍呢？

这个决定使该公司第 14 年的营业额增加了 32%。

心态	解释
积极	企业内训师，是一项很累、很辛苦，甚至吃力不讨好的工作。因为它只是你的一个额外工作，而且要做好，还会占用大量的业余时间 但无论做什么事，意愿都是第一要素的。意愿高，能力低，可以勤能补拙；如果意愿低，能力即使再高，也未必会做到最好 既然能脱颖而出成为内训师，说明你是有这方面能力的，何不让自己更积极些，成就另一个讲台上的自己

"看过一些心态的内容和案例故事后，我想交给你一个课后作业，你要思考一下，这些案例带给你什么启示，以及这些启示对你未来备课、授课有什么样的促进作用。你回去想一想，可以在一星期内找我谈谈你的感受和启发，或者是发邮件给我。可以做到吗？"王振询问许静。

"没问题。正好这也是一个自我修炼的过程，到时候我就当面找你把我的想法告诉你吧！"许静爽快地答应了。

"好的，那接下来我们再花点时间来讲讲设备上的准备。设备上的准备主要有两项。一项是培训场地布置的准备，一项是常用设备的准备。首先来讲讲培训场地的布置。培训场地的布局原则是最大限度的舒适和参与。学员的座位设置以保证目光自然交流通畅为宜。不要太拥挤，但也不要让他们坐得过于疏远。那种'遥远距离的感觉'可能导致讨论不足。即便学员不一定会写很多字，桌子上也要有足够的空间来放置 A4 纸、学员手册和其他东西。把所有的设备、资料和辅助工具顺序排放，以便能迅速取用。"讲完这段话后，王振递给许静一张培训场地布置的方法介绍及位置示意表。

培训场地布置方法

培训场地布置 方法	适用人数	优点	缺点
• 剧院式	30人以上（人数上 限依教室大小）	最大化地利用教室空间，座 位较整齐有序	不利于内训师与学员、 学员与学员之间的交流
• 小组式	20～40人	便于小组竞赛、讨论分享和 交流	容易形成小组的固步 自封
• 圆形	10～25人	适合开放的游戏或分享互动	不利于内训师的控场
• 开放的长方形	15～30人	方便内训师控场，和学员沟 通。可用于讨论、游戏和互动	对教室的面积有一定 的要求
• U形椅子排列	10～20人	适合游戏、讨论等开放式的 授课形式，方便内训师和学 员的交流	暂无

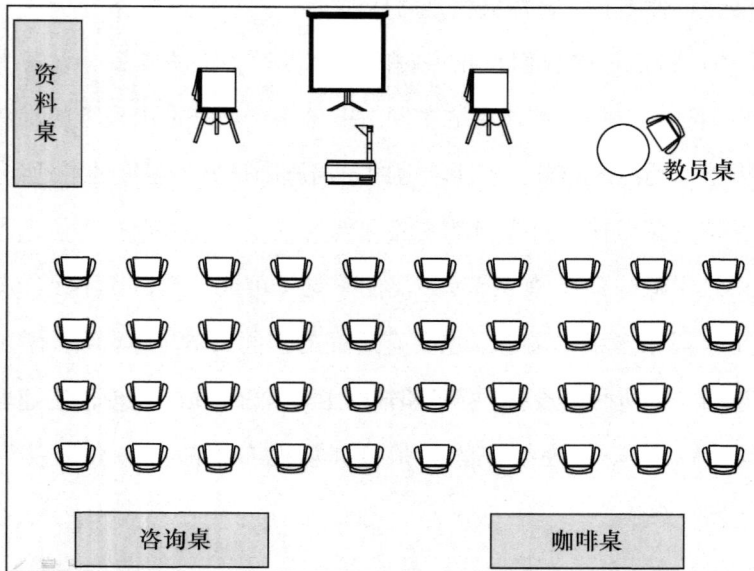

剧院式

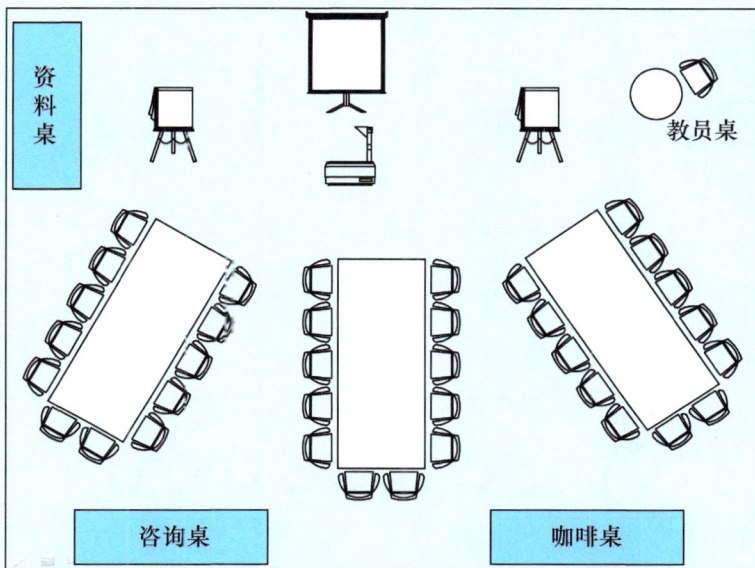

小组式

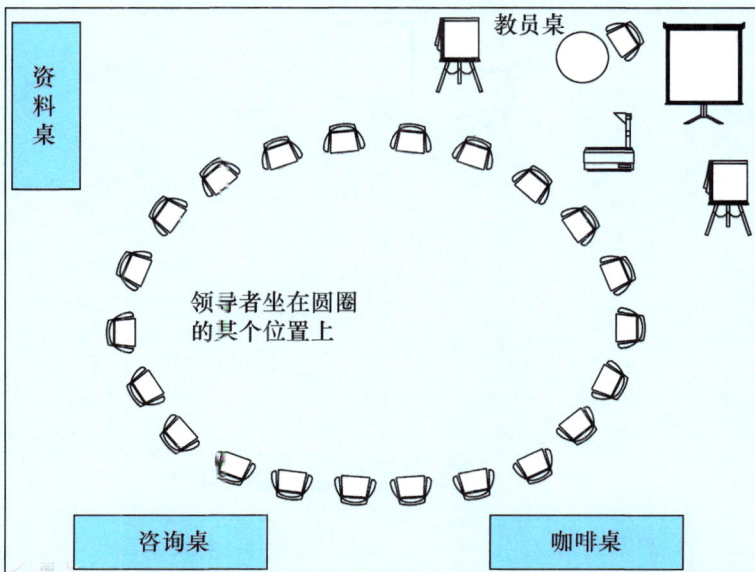

圆形排列

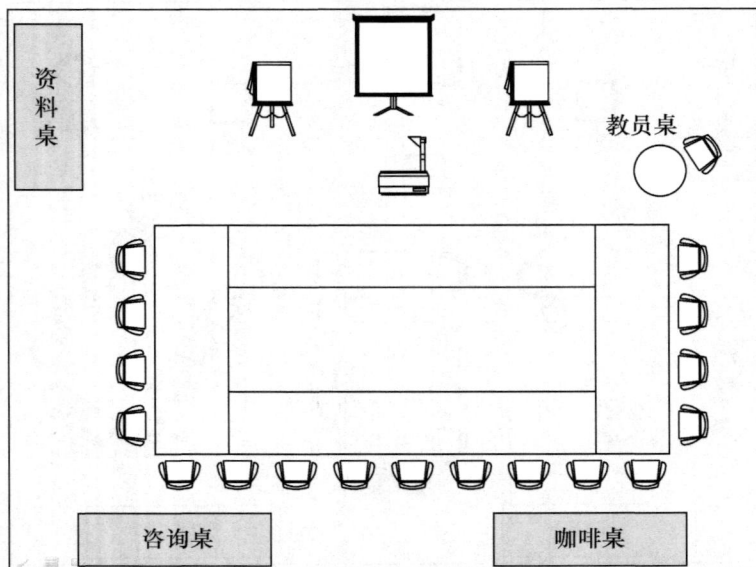

资料桌

教员桌

咨询桌　　　　咖啡桌

开放的长方形

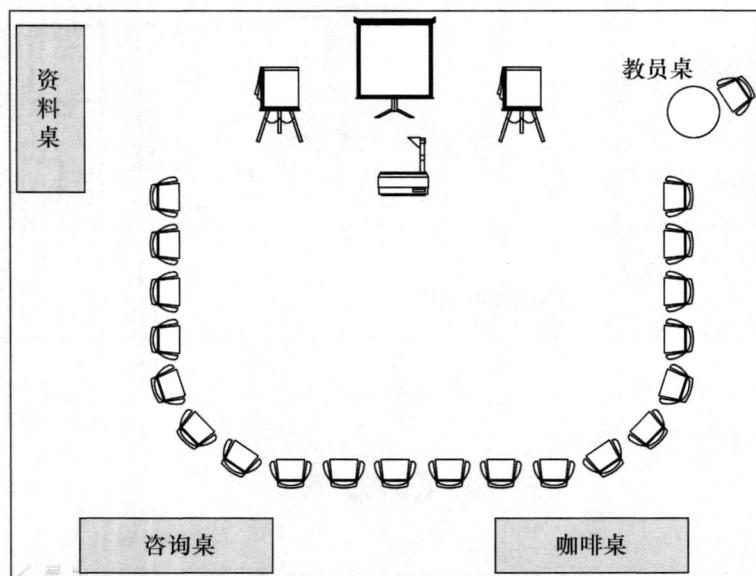

资料桌

教员桌

咨询桌　　　　咖啡桌

U 形椅子排列

拿着这张表格和示意图，许静越看越惊讶，她没想到光一个座位的摆放都有那么多的学问。"真是越学越发现自己懂得少！"她不禁发出了这样的一声感叹。

"是的，不同的座位摆放会适应不同的授课形式，所取得的现场效果也是不一样的。而且很多摆放是要你自己亲自尝试之后才会更有感触，这个表格只是给你对照一下，让你知道有这么多种方法，下次需要的时候可以摆出相应的形状。"王振微笑着说。

"谢谢王经理。"许静显然对王振毫无保留的分享很是感动，觉得自己碰到了一个好领导。

"来，再给你看看设备的第二项准备事项——常用设备的准备事项。"王振又递给了许静一张满是文字的纸。

1. 白板

白板实物图例

使用白板的基本技巧

技巧	说明
正确	• 多准备几种颜色的白板笔，准备好白板擦 • 授课前可在白板一角先写写试试，确保不是记号笔，是可擦除的白板笔

（续表）

技巧	说明
正确	• 字尽量写大一些，确保学员多的情况下每个人都能够看清楚 • 用好白板笔记得马上盖笔帽，防止水分蒸发，写不出字 • 侧身写字，可以一边写字、一边和学员进行交流
不正确	• 板书过于潦草，学员看不清楚 • 完全背对学员板书，没有和学员交流 • 一次板书的内容过多，导致学员接受疲劳

2. 翻页板

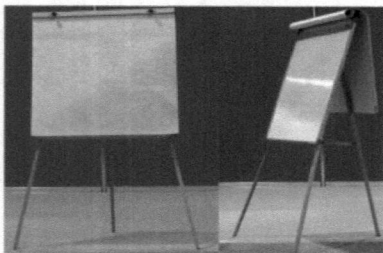

翻页板实物图例

上课中使用翻页板的技巧

技巧	说明
正确	• 确保翻页板的摆放位置，使学员都能较清楚地看到上面的内容 • 给每块翻页板都配置若干不同颜色的白板笔和白板擦，方便学员取用 • 翻页板暂不使用时，可移至教室边上，不影响学员听课 • 小组讨论时，每个组可以在翻页板上记录各组的信息 • 信息量较大时，翻页板亦可加装大白报纸，方便书写和翻页 • 小组学员写好的大白报纸，也可夹到翻页板上进行分享和交流
不正确	• 翻页板位置摆放不妥当，遮挡学员听课的视线 • 没有为翻页板配备相应的白板笔或配备了不可擦除笔迹的记号笔 • 过度关注翻页板，而忽略了和学员的交流和讨论

3. 简报笔

简报笔实物图例

使用简报笔的技巧

技巧	说明
正确	• 当需要指明投影幕布的相关信息时，按住简报笔的激光教鞭按钮，将射出的红点/绿点停留在相关信息上，来辅助教学 • 激光教鞭射出的红点/绿点可在相关信息上适当地来回移动，着重强调，但不要快速地来回晃动，以免扰乱视听 • 注意关注简报笔的电量，以免操作失灵 • 简报笔不用时，要注意拿捏的方法，以免不慎按住操作键，导致PPT课件快速跳转
不正确	• 以简报笔的激光教鞭指向学员 • 激光教鞭围绕重点内容和信息来回用力晃动 • 简报笔的操作不熟练，需要经常看着按键操作

4. 投影仪

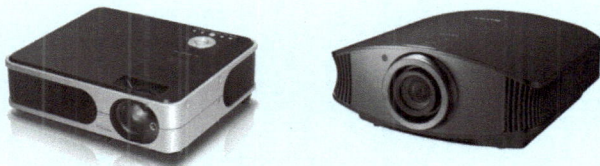

投影仪实物图例

	使用投影仪的技巧
技巧	说明
正确	• 投影仪开机需预热几分钟，为不影响正常授课，需提前进行开机预热 • 长时间不用时，要关闭投影仪，延长灯泡寿命 • 关机后，切勿马上切断电源，等待机器散热，风扇停转 • 投影仪的电源线请隐蔽放置，以免绊脚摔坏机器
不正确	• 投影仪的电源线暴露在过道的地面上 • 投影仪关机后立刻切断电源

"有了这个表格，在这些常用设备上我就不会走弯路了。如果不系统学习一下的话，还真有一些盲区。看来又要消化两天了。"许静自言自语地说。

"所以我才把这些打印给你嘛，方便你随时查看，温故知新。"王振提醒道。

"谢谢王经理，你太用心了，我感觉我如果学不好都对不起你啊！"许静语重心长地说。

"只要投入了，其实不难，每天花点时间就可以了。那今天我们就学到这？我要去开会了。"

"好的，谢谢王经理！"

TRAINING THE
TRAINER TO TRAIN

第五讲
培训实施（上）

☞ 自我介绍

"前面几节课我们都讲了一些基础准备的事项，从这一节课开始，我们要进入到正式授课环节的教学了。只有前面的基础打扎实了，后面才能跑得更快。你期待后面的内容吗？"王振问许静。

"那是相当期待！"许静模仿起了宋丹丹的口吻。

这可把王振逗乐了。他发现眼前这个姑娘不仅学习意愿高涨，而且还时不时展现幽默，这也是做老师一个非常好的特质。老师就要保持一些幽默感，才能更好地吸引学员参与课程。

"那我问你，你觉得课程一开始老师一般会做什么？"王振又抛了一个问题给许静。

　　"我查看了一些资料。课程一开始老师好像要和学员建立联系，所以得做破冰暖场或者是自我介绍吧。"许静回答得很顺畅。

　　"看得出你平时还是花了一些功夫，问题回答得很专业，也很到位！"王振给许静竖了个大拇指。

　　得到了老师的称赞，许静还是挺高兴的，觉得自己晚上学习、充电的时间没有白费，还是挺有成效的。

　　"那我们就先来讲讲自我介绍吧。你一般是怎么介绍自己的？"

　　"我啊，我一般就这么说。"许静站了起来，清了清嗓子，"我叫许静，许是言午许的许，静是安静的静，希望我的名字可以给你带来许多安静！怎么样？"刚一说完，许静就迫不及待地征求王振对自己的看法。

　　"名字是一个人的特殊符号，是代表这个人的一个重要称谓。"王振并没有正面回答许静的问题，而是继续往下说，他要让许静在自己的话语中找到答案，"内训师开场做自我介绍，可以让学员快速认识老师，建立亲和力和专业厚重感。那么用什么方法可以让学员听过自我介绍后能留下深刻、美好的第一印象呢？"王振自问自答，"接下来我给你3种自我介绍的方法：画面描述法、故事法、信息选择法。3种方法的共同点就是增加介绍内容的信息量，包含更多个人的特点，使之较立体全面地呈现给学员，让学员更了解你，从而搭建授课沟通交流的桥梁，使你的介绍能和你所讲的主题产生关联，还能顺畅地导入课程主题。"说完王振就起立在白板上把3种方法写了下来。

　　◇　画面描述法

　　◇　故事法

　　◇　信息选择法

看许静记得差不多了。王振继续往下说："画面描述法顾名思义，就是用你的名字描绘一幅惟妙惟肖的画面，从而让学员产生兴趣，并用画面加深印象，以求快速记住你的名字。"王振在白板上写了3个字：萧何白。"举个例子，之前有位学员叫萧何白。他是这样做自我介绍的。想象现在大家都在自家的客厅欣赏着金庸的武侠连续剧，这时候电视画面中出现了一位英俊的白衣少年，20岁左右，坐在河边，神情淡定地吹着箫，细心听去，正是一曲《春江花月夜》。这就是我，我叫萧何白，在河边穿白衣服吹箫的英俊少年，今天给大家分享的主题是《五线谱基础课程》。"

"这画面感的自我介绍听上去很唯美啊，原来姓名介绍还可以这么文艺范啊！"许静发出了一连串的感慨，"什么时候我也给自己的名字想个画面感的自我介绍。"

"这个可以用。"王振也模范赵本山的声音回应了许静。

"第二个方法叫故事法。就是用一个故事讲述你名字的由来。比如，有位学员叫钱俊生。他是这样自我介绍的。大家好，我叫钱俊生。有钱让你更英俊潇洒，生活多姿多彩。小的时候我问妈妈我的名字是怎么来的。我妈告诉我说，她和爸文化水平都不高，小学也没毕业，所以就一直为取名字的事情发愁，后来就借来一本字典，准备两人翻字典，翻到某一页最上面的那个字就是我的名字了。于是我妈妈翻到了一个'生'字，我爸爸翻到了一个'俊'字。接着就开始组合我的名字了，到底是钱生俊呢？还是钱俊生？当时我爸觉得钱生俊这个名字比较俗气，他觉得心灵美更重要。所以我的名字'钱俊生'就是这样来的。其实我们在座每一位的名字都是一种创新，都是把现有的文字做重新的排列组合，才出现了这么多名字和称谓。因此创新并不难，今天我们就来分享《颠覆创新的8种方法》这门课程。"

"故事法也不错的，大家都喜欢听故事，听个故事就把你的名字记住了，也蛮好的。"许静拍手说道。

"第三个方法叫信息选择法。信息选择法就是把个人的特点罗列出 4 ～ 5 项，其中一条是假的，让学员去猜哪条是假的，然后内训师公布答案并逐条解说。让学员参与挖掘信息，了解老师，是一种非常不错的自我介绍方法。"

"这个一开始还有点悬疑的味道呢！"许静说道。

"是的，这样才会让学员一开始就融入课程嘛。我举个例子。有位内训师在课程一开始就在 PPT 上打上了这么几条信息。

❖　在 3 家 500 强企业有超过 8 年以上的工作经验。

❖　到现在为止，总共被狗咬过 5 次。

❖　是一对双胞胎女儿的父亲。

❖　3 年前拿到了跆拳道黑带 6 段。

❖　上课 5 年走了 500 多个市辖区。

"然后他告诉学员这 5 项信息里有一项是假的，让学员把那项假的选出来。"

"这个自我介绍真的很有趣，看这么多有趣的信息大家都想着去猜一猜。这种方式连破冰暖场都省了，直接就把场子炒热了。"许静看起来很喜欢这种自我介绍的方式。

"是的，这 3 种自我介绍都蛮有意思的，都可以让你在一开始给学员耳目一新的感觉，同时把自己隆重推荐给学员。建议这 3 种自我介绍的方法你可以各设计一个，这样可以每次都有新意，根据不同的学员、不同的

场景来挑选使用，你会收到不一样的反馈的。"王振建议道。

"好的，我都有点迫不及待了。哈哈。"许静摩拳擦掌，跃跃欲试。

☞ 暖场破冰技巧

"讲完了自我介绍的 3 种方法之后，我们再来讲一讲暖场破冰的技巧。"王振想趁热打铁，给许静多分享一些技术和方法。

"暖场破冰？听字面意思好像就是让学员参与到课程中来，树立积极上课的心态，是吗？"许静提出了自己的想法。

"可以这么说吧。通过暖场破冰这个环节，解除学员僵硬、冷漠、紧张、抗拒之心态，然后再激发学习的动机，为课程的顺利开展奠定基础。"王振停顿了一下继续说道，"所以暖场破冰环节就需要老师用一些活动、游戏等方式引导学员慢慢融入课程，与老师之间产生信任感，进而才能让学员真正愿意去聆听老师课程的精彩内容。

"那具体该怎么做呢？有没有比较好的方法，王经理？"许静虚心求教。

"一般来说暖场破冰技巧是要获取学员的注意力，让学员的注意力能够关注到课堂中来，同时要通过暖场破冰建立学员和学员的联系或者是建立学员和内容的联系。暖场破冰一般有以下几种方式。"王振说着就起身来到白板边，写下了几种暖场破冰的方法。

◇ 互动猜谜

◇ 起立握手

◇ 游戏互动

◇ 深度交流

王振看到许静快速地做着笔记，就继续说道："同时设计的暖场破冰技巧也有很多种的互动形式。"他在白板上写下了几种互动的方式。

✧ **2 ～ 3 人互动**

✧ **小组内部的互动**

✧ **全班互动**

"关于上述四种暖场破冰技巧的活动设计，我有一些例子你可以看看。"说完王振递给许静一份 A4 纸大小的 Word 文档。许静伸手接了过来，发现上面对 4 种暖场破冰的技巧都用例子做了比较详细的说明。

1. 互动猜谜

指学员以动画或文字等表现形式，描述自己的工作或生活状态，让其他学员参与猜测的一种互动方式。此方法可增进学员之间彼此的了解和认知。

互动猜谜举例：我的工作生活像什么？

活动介绍：请每位学员在 A4 纸中间画两条直线，将 A4 纸平均分成四个象限。其中两个象限涉及工作的描述，两个象限涉及生活的描述。不是用文字进行描述，而是用 4 幅图画来描述自己的工作和生活。画好之后在小组内轮流分享，让其他学员竞猜这幅图画所代表的含义，并由小组成员推选最有创意的一位学员代表小组登台做分享。

活动变体：也可把 A4 纸平均分成两部分。工作一部分，生活一部分。画两幅图画来让学员竞猜。

所需材料：若干 A4 纸。

2. 起立握手

让学员通过起立握手进行互动交流，可加入竞赛的元素增加握手活动的趣味性。

起立握手举例：握手竞赛

活动介绍：讲师限定时间，如 1 分钟。让学员起立之后在班级内找到尽可能多的学员和他握手，同时自信、愉悦地说出："××同学，早上好（或下午好），今天很高兴和你一起学习！"看在 1 分钟的时间内谁握的手最多？

活动变体：上述的握手环节可活跃课堂气氛，增进学员之间的感情。如还想进一步引导学员的心态建设，还可统计刚刚活动中学员握手的数量，请学员举手表决，并把握手数量最多的那位学员请上台，访谈其获得第一名的秘诀是什么？都做了什么？通过这位学员的分享可以引导学员以积极的心态投入课程，而不是消极被动。因为积极投入会让自己的学习效果更好，时间利用更有效率。

所需材料：可适当准备小礼物，奖励优胜的学员。

3. 游戏互动

让学员参与游戏来达到活跃气氛，让学员迅速融入课程的目的。同时通过最后的总结和收尾，使游戏活动能与课程主题产生关联，并对学员有所启发。

（1）游戏互动举例 1：大树与松鼠

活动介绍：事先分组，三人一组。二人扮大树，面对对方，伸出双手搭成一个圆圈；一人扮松鼠，并站在圆圈中间；内训师或其他没成对的学员担任临时人员。

内训师喊："猎人来了！"大树不动，扮演"松鼠"的人就必须离开原来的大树，重新选择其他大树；内训师或临时人员就临时扮演松鼠并插到大树当中，落单的人应表演节目。

内训师喊："着火了。"松鼠不动，扮演"大树"的人就必须离开原先的同伴重新组合成一对大树，并圈住松鼠，内训师或临时人员就应临时扮演大树，落单的人应表演节目。

内训师喊："地震了。"扮演大树和松鼠的人全部打散并重新组合，扮演大树的人也可扮演松鼠，松鼠也可扮演大树，内训师可插入其他没成对的人中担当"大树"或"松鼠"，落单的人表演节目。

所需材料：无

（2）游戏互动举例 2：一块钱和两块钱

活动介绍：根据男女学员不同比例分配，如果男生远远大于女生比例的话，女生就当"2 块钱"而男生则是"1 块钱"；如果女生比例远远大于男生的话，女生就当"1 块钱"而男生则是"2 块钱"。

根据培训师说的钱数，所有学员组成相应的数字，没组成符合要求的数字的，均被淘汰。比如，培训师喊 7 块钱，部分学员就组成一个小组，这个小组所有人的面值加起来应该是 7 块钱，没有组成小组的学员将被淘汰。剩下的人继续组合，直到 4 ～ 5 人为止，游戏结束，可以给剩下来的人颁发奖品。

所需材料：若干小奖品。

（3）游戏互动举例 3：撕纸游戏

活动介绍：

1）给每位学员发一张纸；

2）培训师发出单项指令。

A. 大家闭上眼睛；

B. 全过程不许问问题；

C. 把纸对折；

D. 再对折；

E. 再对折；

F. 把右上角撕下来，转 180 度，把左上角也撕下来；

G. 睁开眼睛，把纸打开；

H. 培训师会发现各种答案。

（3）这时培训师可以请一位学员上来，重复上述的指令，唯一不同的是这次学员们可以问问题。

第二轮结束后学员间撕纸后最终呈现的形状重合率很高。

所需材料：至少是学员人数两倍数量的 A4 纸（回收纸亦可）

4. 深度交流

增进学员之间的了解，加强学员彼此的互动。让学员的思想和信息等得到充分的交流和分享。

（1）深度交流举例 1：交换钞票

活动介绍：向一个团队成员借一元钱，将借来的钱拿在手中向大家展示一下，然后从另外一个人那儿借一元钱。将借来的第二笔钱还给第一个人，借来的第一笔钱还给第二个人。反问大家："这两个人中难道没有人比以前有了更多的钱吗？"（当然没有）然后向整个团队指出，与上面的情况相比较，如果有两个主意被分享，那么不仅是提供这些主意的一方，而且所有的团队成员都能够获得一些经验。

所需材料：无

（2）深度交流举例 2：bingo 游戏

活动介绍：给每位学员发一份打印有如下表格内容的 A4 纸（见下表）。请学员起立后在教室内互相采访学员，询问其他学员是否有符合以下任意选项的，如果有，比如某一位同学他会跳舞，那就请他在这个项目下面签个名。看谁能在任意横的或者任意竖的或者是对角线的四个格子把名字签好，就可以获得奖励或加分。（比如某位学员把养宠物、会唱刘德华的歌、戴戒指、足球迷这四个项目的名字签好了。那就说明这一行已经签好了。最快完成的就可以拿到奖励。）

同时老师要检验这位学员是否有作弊嫌疑，或者为了确保游戏的公平性。老师要对游戏结果进行检验，比如，请在"会唱刘德华的歌"的那个项目方框内签名的学员到讲台上来一展歌喉，检验其是否符合标准。只有在符合标准的情况下，才能实施相应的奖励。

所需材料：事先打印好表格。同时此活动要求学员人数较多，至少 35 位以上才能确保活动较顺利进行。

bingo 游戏

会跳舞	用三星手机	四月生日	2个以上QQ号
看过《泰坦尼克号》	有亲兄弟姐妹	玩自拍	玩微信
养宠物	会唱刘德华的歌	戴戒指	足球迷
会讲3种方言	属牛的	有酒窝	会变魔术

"有何疑问吗？"王振等许静看完之后，问道。

"暂时没有，王经理　写得还是蛮清楚的。"许静肯定地说。

"那就好，这些活动基本可以确保暖场破冰有序开展。同时有了这四大类活动作为指引，也可以帮助我们更好地创新，去展开找到或发现更多的暖场破冰的技巧。"王振指了指白板上的四类暖场破冰的技巧。"暖场破冰一方面能够让学员更好地去除抗拒和冷漠的情绪，积极融入课程，为课程顺利开展奠定基础；同时暖场破冰如果能和课程主题产生关联，通过总结暖场破冰而引导到课程主题，将有着更深远的意义。"

许静点点头，表示认可。

"现在现场交给你一个任务。如果要把暖场破冰引导到课程主题，需要对暖场破冰做一定的总结和提炼。请你结合以上几个游戏和互动，给每个游戏和互动做一个总结，引导到你的主题上去。主题不限，由你选择。可以吗？我给你 10 分钟时间。"王振征求许静的意见。

"没问题，王经理。这正是我锻炼总结能力的一个机会。"许静爽快地答应了。

10 分钟过后，许静向王振分享了她对这些活动的总结和提炼。

互动猜谜："我的工作生活像什么？"的总结

各位学员，你对你所画的图画肯定是有自己的解读和含义的？对吗？同时你也希望他人也能够通过这幅画得出和你一样的解读和理解，对吧？只是现实是，当我们把画呈现在他人面前时，只有极少数，甚至是没有学员能够得出和我们的结论相似的观点和解读，很多甚至和我们的观点是背道而驰的。为什么同样一幅画不同的人会得出不同的解读和含义？因为成年人的思维是多样化的，是有差异的，同一件事情不同的人会有不同的解读。作为一名管理者，一名团队的领导者，我们同样也要学会在工作中包容下属的不同观点和不同性格；只有这样，我们才能更客观地面对团队成员，更好地激发团队成员的积极性。让团队朝着我们既定的方向和目标前进。所以今天我们就来讲一讲如何基于团队成员的不同性格做好团队建设这个主题。

起立握手："握手竞赛"的总结

我想请问大家，为什么同样 1 分钟的时间，张三同学能够握到 16 位同学的手，能够握到这么多？而有的同学只能握到个位数，甚至有的人的数量是零，比如我。为什么我的握手数量是零呢？因为我刚刚在假装忙碌，在做别的事情，在被动地等着大家来握我的手，所以理所当然我的握手数量就很少，因为我不够积极。刚刚张三同学分享他是有目标的，就是想赢得胜利的，所以他握手的速度很快，同时移动的速度也很快，就获得了第一名。张三的这个分享告诉了我们什么？告诉我们很多时候一件事情是否能够成功，和我们的心态是否积极有着显著的关系。如果你够积极，很多时候就会创造比较好的成绩；如果你不够积极，就会让自己的成绩处于中下游。中国有一句古话：师傅领进门，修行靠个人。你的心态就决定了你的成长速度和高度。因此，今天我给大家分享的主题是《积极心态铸就新的人生高度》。

游戏互动 1："大树与松鼠"的总结

刚刚我们看了几位落单同学的精彩表演。请问大家，这个游戏除了给我们一些欢声笑语之外，还能给我们带来什么？各位，在刚刚的游戏中，或许我们能够发现一些规律。就是有些学员即使在游戏最后，他们都没有落单，没有接受惩罚。而有的学员，则三番五次落单，接受惩罚？这给我们什么启示？我们可不可以把老师的每个指令比喻成是公司的改革和变化的思路？有的人对改变和变化非常敏感，能够及时抓住改变并顺势而为，甚至有的人能领先改变，提前走位，让自己永远处于主动的状态中，而有的人总会慢半拍，即使知道改变已经发生了，还是不紧不慢，或者迟钝麻木，导致一次又一次错过改变和提升自我的机会，同时也会遭到组织的惩罚或遗弃。那我们应该如何在改变中保持敏感度呢？如何能让自己在改变中立于不败之地，甚至是领先改变呢？今天我们就来学习《变革中的自我管理》这门课程。

游戏互动 2："一块钱和两块钱"的总结

在这个游戏中。人还是这些人。就是班上的 23 位学员，男生代表 2 元，女生代表 1 元。这个规则也是如此，那为什么每一次的组合几乎都是不一样的？而即使是不一样的元素组合却可以得出一样的结果。这个游戏就告诉我们当面对客户的各种需求和企业下游供应链的各种要求时，只要我们懂得去整合不同的资源，做元素的重新排列组合，就能得出不一样的结果。所以创新并不难，重要的是你要对自身的资源和元素充分占有，同时了解资源的不同组合所产生的不同效应。所以接下来我们来学习《高效创新》这门课程。

游戏互动 3："撕纸游戏"的总结

大家有没有思考过？为什么第一轮的撕纸游戏，大家的成品形状几乎都是不一样的？而第二轮的撕纸游戏之后，大家的成品形状却几乎都是差不多的？因为第一轮做的更多的是单向的沟通，这样的沟通只是灌输式的，所以导致接收信息的人对所听到的内容的理解是千差万别的，导致结果不一致。而第二轮强调的是双向沟通，大家互通有无，平等交流，学员可以就不懂的问题向老师提问，老师可以就学员不明白的问题向他们做解释。只有这样，才能确保学员对所学内容的理解和接受程度。

其实在现实工作中这种情况也是会经常发生的。比如，有些内训师上课之后，学员的收获和提升不是很大，因为这个老师只懂得进行单向沟通和教学，忽略学员的感受和理解。而当学员能在授课中参与进来，积极调动学员参与并寻找答案，时刻引导学员思考。这样的课程才能让学员醍醐灌顶，学有所成。所以我们就来学习《内训师的高效互动引导技巧》的课程。

深度交流 1："交换钞票 " 的总结

中国流传这样一句谚语：教会徒弟，饿死师傅。这就导致很多师傅在教徒弟的时候，会留一手。因为他觉得徒弟一旦学会了，自己也就没饭碗了。但是通过这个游戏之后，我们却发现这个说法并不成立。当 1 元钱在两位学员中进行传递和变换之后，两位学员并没有增加任何财富。而当一个好的主意或点子经过两位学员的传递和变换之后，这个好的主意或想法就被记在两位学员的大脑中了。所以对于传道授业解惑的师傅来说，他根本就不用担心，因为他传播的是精神和智慧，而非具体的物质财富。所以师傅的精神智慧经过和学员的碰撞，只会越来越多，越有利于师傅的经验增长和能力提升。所以既能教好徒弟，不辱使命，同时还能通过这个过程不断提升自己，提高自己的竞争力。接下来我们就来讲讲《辅导下属的四轮驱动》这门课。

深度交流 2："bingo 游戏"的总结

通过这个小游戏，你是不是发现了很多其他学员所喜爱的爱好或者所具有的能力？甚至拥有很多和你较类似的爱好，了解这些信息可以帮助我们投其所好，更好地与人相处和沟通。改进人际关系，促进交流和分享。同时作为销售顾问，如果我们能够及时了解一些客户身上的信息，是不是也能更好地与客户进行沟通，快速与客户建立好关系，并为客户提供优质的综合解决方案打下基础。所以我们来讲讲《如何通过有效提问来了解客户信息》这门课程。

"总体来说还是相当不错的。说明你的学习能力还是挺强的。"王振对许静在这么短的时间内能够给出这么几个较完整的总结和提炼还是蛮欣慰的，也对许静的学习力表示肯定和赞美，"当你会做总结后，你就能将暖

场破冰的 4 种方式引导到你所想要讲授的主题上来，使学员不仅通过活动放松和愉悦自己，同时还能时刻对接主题，无缝链接到授课主题上来。"

"谢谢王经理的肯定，我会继续努力的！"得到王振的夸奖，许静心里还是美美的，同时也激发了更强的学习欲望。

☞ 设计夺人眼球的开场

"接下来我们分享一下如何进行课程的开场导入，良好的培训开场是培训课程成功的基础。在这个阶段，老师要让学员对将要培训的内容有一个大概的了解，要引起学员对学习内容的兴趣，把学员的注意力集中到内训师的身上，建立起对内训师的依赖感。夺人眼球的开场方法很多，在这里介绍 5 种常用的方法。"说完王振起立来到白板边，在白板上写下了 5 种方法。

  ◇ 提问开场法
  ◇ 故事事例开场法
  ◇ 名言佳句开场法
  ◇ 实物（图片）展示开场法
  ◇ 引用数据开场法

写好 5 种方法之后，王振就开始依次介绍每种开场方法的使用技巧并举例说明。

1. 提问开场法

这是比较常用的一种开场方式，通过提问，内训师可以在课程一开始就和学员进行互动，同时学员要思考老师所提出的问题，就自然地融入了老师的课程场景。所以，提问开场法也是很多老师所采用的开场导入的方式。虽然好用，但如果没有掌握相应技巧，乱问一通，反而会起到反效果。比如，一位老师一上讲台就问大家："你们觉得什么是成功？"此问题连续问了好几遍都没人可答，正当老师要点某位同学回答的时候，一位学员举手了，说："老师，我知道。"老师仿佛抓到了救命稻草："这位学员，你回答一下什么叫成功。""在我们公司，会拍领导马屁，把领导伺候好就会成功。"学员一说完，整个课堂笑成了一锅粥。此答案明显不是老师所想要的，就剩老师非常尴尬地杵在那边，不知道该如何接话了。

通过以上的小事例，我们发现要问出好的问题，让学员参与，同时答案又能在老师的掌控之中，确实要对问题进行精心设计，同时要掌握 3 项提问开场的注意事项。

（1）要问封闭式的问题，而不是开放式的问题。刚刚那个事例，这位老师就问了一个开放式问题。因为成年人的思维千差万别，同样一个问题所想到的答案也就千奇百怪，有的答案符合老师预期，有的答案却是和老师心目中的答案背道而驰，于是发生上面的闹剧也就不足为奇了。所以为了保险起见，老师要问封闭式的问题，只让他在是或不是里面做出选择即可，确保是在老师可控范围内。

（2）课程开场提问切勿超过 3 个，所谓事不过三。透过精心设计的 2 ～ 3 个问题可快速引入课程主题。如拖沓冗长，设计 3 个以上问题，学员极易产生选择疲劳症，进而对课程失去兴趣，疲于互动参与。

（3）所问的问题要和主题相关。这也是很容易被广大内训师所忽略的。老师在课堂上所做的任何事情都是为主题内容服务的，当然也包括提问的开场导入，所以不要问和主题不相关的问题，否则学员会认为你在哗众取宠，降低对你的信任度。

1）提问开场法举例

在座各位同学有去商场买过东西的请举手！在消费过程中，由于商家服务不到位、有缺陷，导致消费不愉快的请举手！因为此次不愉快经历，会使你下次不再光顾此门店的请举手！好的。看出大家都有一些不愉快的消费经历，且大多数都不愿意再给这家门店第二次机会。现代社会竞争激烈，消费者可选择机会增多，如何避免因服务品质不良而导致客户流失就是摆在我们面前一个非常关键的问题。今天就给大家带来《门店服务常犯的 12 个错误》的培训课程。

2）提问开场法举例

各位同学是否都有这样的经历：明天已经到向老板提交报告的最后期限了，但是你今晚还在熬夜，通宵达旦赶报告？原本计划这项事情应该在 2 天前完成的，但是因为我们习惯拖延，而导致项目延迟时间？因为平时没有做好规划和安排，导致很多时候无数紧迫的事项一下子围拢过来，让你不堪重负？如果你有以上的情形，说明你很可能受害于不合理的时间安排。在现今快节奏的工作、生活状态下，合理安排和规划时间尤其重要，今天我们就花 3 小时的时间来共同学习《有效时间管理的四轮驱动》。

2. 故事事例开场法

从小我们就喜欢听故事，故事伴着我们长大。我们也透过故事学习到很多做人、做事的道理，透过一个故事阐明一个道理也是中国人喜闻乐见的一种表达方式。因此，内训师也可以用故事进行开场。通过一个有情节、有人物、有冲突、有内心戏、有对白的活灵活现故事的讲授，快速抓住学员的注意力，不仅课程开场引起注意的目的达到了，还润物细无声地把课程主题带了出来。

（1）故事事例开场法举例

给大家分享这么一个故事。8月上旬，某商场5部A营业员随手拿了同事B（促销员）的一块毛巾擦柜台玻璃。当B找毛巾发现毛巾不在，回头一看A正拿着它擦柜台，便大声喊到："你这人怎么这么差劲呀，偷人家的毛巾！"A一听骂自己偷东西，马上也火了，大声回骂："你才是小偷！你不也经常拿我的东西吗？"两人不顾周围的顾客，在卖场里大声吵嚷起来。其他的营业员怕影响不好，劝她们不要吵了。A稍微让了一点，但B觉得还不解恨，随手拎起一袋未封口的熟食向A扔去，有一部分溅到了旁边顾客的身上，导致了顾客投诉。就因为一块小毛巾，发生了这么多不愉快的事情，还导致客户的投诉，这里面有很多问题是值得我们在座各位反思和思考的。商场服务人员作为直接接触客户的第一道门面，他们的职业化素养至关重要，今天我们就来学习《职业化素养的六项修炼》。

（2）故事事例开场法举例

有一天有个农夫的一头驴子，不小心掉进一口枯井里，农夫绞尽脑汁想办法救出驴子，但几个小时过去了，驴子还在井里痛苦地哀嚎着。

最后，这位农夫决定放弃，他想这头驴子年纪大了，不值得大费周折去把它救出来，不过无论如何，这口井还是得填起来。于是农夫便请来左领右舍帮忙一起将井中的驴子埋了，以免除痛苦。

农夫的邻居们人手一把铲子，开始将泥土铲进枯井中。当这头驴子了解到自己的处境时，刚开始哭得很凄惨。但出人意料的是，一会儿之后这头驴子就安静下来了。农夫好奇地探头往井底一看，出现在眼前的景象让他大吃一惊。

当铲进井里的泥土落在驴子的背上时，驴子的反应令人称奇——它将泥土抖落在一旁，然后站在铲进的泥土堆上面。就这样，驴子将大家铲倒在它身上的泥土全数抖落在井底，然后再站上去。很快地，这只驴子便得意地上升到井口，然后在众人惊讶的表情中快步地跑开了！

就像驴子一样，在我们的生活中，我们也难免会陷入"枯井"中，并被各式各样的"泥沙"所倾倒。如果你就此消沉下去，那你可能就会被"枯井"和"泥沙"所掩埋。而如果你能重新振作自己，不断向这些外在压力挑战，将它们抖落掉，就会有"柳暗花明又一村"的新境界。因此，今天我们就来学习《有效抗压的四轮驱动》这门课程。

3. 名言佳句开场法

我们的身边从来都不缺乏名言佳句。百度搜索之后更是应有尽有，所以可以找到一些有"感觉"的、和你所讲主题相关联的名言佳句来做开场导入之用，不仅简洁明了，同时也体现内训师的底蕴和风范。

（1）名言佳句开场法举例

毛泽东曾经说过：自信人生二百年，会当击水三千里。马斯洛也说过：心态若改变，态度跟着改变；态度改变，习惯跟着改变；习惯改变，性格跟着改变；性格改变，人生跟着改变。可见，心态在我们平时工作，生活中的重要性。所谓消极的人像月亮，初一十五不一样；积极的人像太阳，照到哪里哪里亮。今天我们就来学习《1234 话心态》。

（2）名言佳句开场法举例

《礼记·大学》记载，商汤王把"苟日新，日日新，又日新"这几个字刻在洗澡盆上，作为自己的座右铭，不断告诫自己要持续不断地创新，革昨天的自己，不因循守旧。现代社会瞬息万变，信息爆炸，唯一不变的就是永远在改变。唯有勇于创新，不断打破旧有思维，才能确保企业更持久地掌握核心竞争力。今天我们就来一起学习《创新思维，突破革新》课程。

4. 实物（图片）展示开场法

根据国际演讲协会的研究调研发现，高达 70% 的学员属于视觉思维型。他们对实物、对图的理解速度要远远快于对文字的理解。所以基于课程主题能够事先备好一些和课程相关的实物或图片等，让学员看到、摸到会更有说服力。

（1）实物（图片）展示开场举例

当我们去超市消费的时候，经常会看到一些富有创意、造型栩栩如生的堆头陈列，这不仅吸引了客户的驻足观看，提升营业额，还能衍生产品价值，提升其档次。这里我也收集了一些推头陈列的图片，我们一起来欣赏一下……看完了，大家觉得怎么样？是不是都有购物的冲动，或者说觉得创造这个的员工就像艺术家一样有创意。大家想不想也能够搭建出如此这般的堆头陈列？那今天我们就花半天时间和大家交流一下《堆头陈列的十全十美法》。

（2）实物（图片）展示开场举例

有一次，陶行知先生在武汉大学演讲。他走上讲台，不慌不忙地从箱子里拿出一只大公鸡。台下的听众全愣住了。陶先生从容不迫地又掏出一把米放在桌上，然后按住公鸡的头，强迫它吃米，可是大公鸡只叫不吃。他又掰开鸡的嘴，把米硬往鸡嘴里塞。大公鸡拼命挣扎，还是不肯吃。最后陶先生轻轻地松开手，把鸡放在桌子上，自己向后退了几步，大公鸡自己就吃起米来了。

这时陶先生开始演讲："我认为，教育就跟喂鸡一样。先生强迫学生学习，把知识硬灌给他，他是不情愿学的。即使学也食而不化，过不了多久，他还是会把知识还给先生的。但是如果让他自由地学习，充分发挥他的主观能动性，那效果一定会好得多！"台下一时间欢声雷动，为陶先生形象的演讲开场白叫好。

5. 引用数据开场法

我们生活在一个数据时代，每时每刻我们都被大量惊人的数据包围着：中国每年消费 450 亿双一次性筷子，J.K. 罗琳的小说《哈利·波特》全球销量已经超过 4 亿册，美国人每年消费 240 亿升啤酒，全球每年有 120 万人死于交通事故……

很难说这些数据意味着什么。但当我们利用数据论证某一事实时，我们会更有把握。当你能够衡量某个事物，并用数据表达出来，那说明你真的了解此事；但假若你不能够衡量它，不能用数据说明，那么你的知识，他人会认为储备不足，有所欠缺。所以当数据得以正确使用时，便成了阐明和支持论点的有力武器。

（1）引用数据开场举例

各位，今天我将结合我自己在销售领域从事了 11 年的销售实践经验（我曾从事过豪宅房产销售员 3 年，豪宅房产销售经理 3 年，房产销售区域总监 2 年，自己创业担任销售总裁 3 年）和做销售 11 年期间花了将近 60 多万元去参加世界销售大师的培训课程所学到的成功资讯，毫无保留地分享给大家，让你们在原有非常优秀、非常成功的基础上迈向更大的成功。好不好？

（2）引用数据开场举例

想象一下现在是 2050 年。你已经 65 岁了。你刚刚收到一封信，打开信封，里面是一张 100 万美元的支票。不，不是你赢得的彩票，而是在过去的 40 年中自己的少量投资的策略现在终于有了可观的收益，你不禁喜上眉头。

今天我们就来谈谈如何通过有效投资使自己的财富得到增值。

王振花了半个小时把开场导入技术讲完，问许静："怎么样？听完之后对开场导入有什么疑问？有什么难点没有？"

"听下来之后我觉得你讲得挺顺，对每种技巧的演绎也很到位。如果换做我，肯定做不到那么好。所以我决定回去之后把 5 种开场导入的方式再次复习一下，同时结合自己的课程用 5 种开场导入的方式都设计一个开场导入。我想只有这样，我才能把你所教的技能活学活用。如果只是听你讲，那肯定还是不够的。"许静若有所思地说。

"嗯，你能这么想我还是挺高兴的，这种方法和技能确实是需要练习的。如果光听我讲，觉得好确实还是不够的；只有你自己能够用，才是王道。这样吧，等我把余音绕梁的结尾也讲完，这样导入和收尾你可以一起练，效率更高！"王振给许静提了个建议。

"好呀，那最好不过了。开场和收尾本来就是一对亲兄弟，一起练习肯定比分开练习效果要好。感谢王经理这么毫无保留地分享你的讲课秘籍。"许静说话同时做了一个夸张的抱拳动作。

☞ 设计余音绕梁的培训收尾

"一个好的培训结尾，不仅仅是为一节培训课画上一个圆满的句号，更让学员对培训的内容习味无穷。耐人回味的结尾能够总结课程主题和主要内容，余音绕梁，并确认学员对课程没有疑问，激发学员将所学知识运用到实践中的动力。常用的培训收尾方式有——"王振来到白板边上，写

上了 5 种培训收尾的方法。

✧ 赞美祝福法

✧ 寓言故事法

✧ 名言佳句法

✧ 总结归纳法

✧ 幽默收尾法

"还是像说明夺人眼球的思路一样，我给你介绍一下 5 种余音绕梁收尾的方法，同时给你举一些例子，方便你理解。"于是在接下来的 30 分钟，王振给许静讲授了如何收尾的技巧。一个讲得认真，一个做笔记，听得认真。一个愿意分享，一个渴望学习，真可谓师徒的最佳拍档。

1. 赞美祝福法

赞美祝福法是富有中国特色的培训结尾方式，所以赞美祝福法也在很多正式的大型会议、大型晚会或者培训现场所使用。当进行了一整天的培训后，无论是内训师还是学员都会感到身心疲惫；在这样的情况下，采用正式的语言结束会让学员感到内训师是在例行公事，虽然尽职尽责，但仍无法拉近双方的距离。内训师可以考虑使用赞美祝福语作为最后的结束语言。

（1）赞美祝福法举例

欢乐的时光总是过得很快，一天的课程马上就要结束，感谢大家一整天的积极参与和配合，把热烈的掌声送给你们自己。在这一天的课程中，我看到各位能够放下自己的身段，放下自己的经验，放下自己的阅历，全身心投入课程，值得我们钦佩和学习。祝愿大家在未来的职场之路能越走越顺，越走越远！谢谢！

2. 寓言故事法

故事可以用来做开场，也可以用来做收尾。你所要做的就是选择一个和你课程内容贴切、能发人深省或是有哲理的故事，结束课程。这样不仅能引起学员的兴趣，还能给学员一个思考和想象的空间。

（1）寓言故事法举例

课程快要结束了，最后跟大家分享一个故事结束今天的课程。

一个生活平庸的人带着对命运的疑问去拜访禅师，他问禅师："真的有命运吗？"

"有的。"禅师回答。

"是不是我命中注定穷困一生呢？"他问。

禅师就让他伸出他的左手指给他看说："您看清楚了吗？这条横线叫作爱情线，这条斜线叫作事业线，另外一条竖线就是生命线。"然后禅师又让他跟自己做一个动作，他手慢慢地握起来，握得紧紧的。

禅师问："您说这几根线在哪里？"

那人迷惑地说："在我的手里啊！"

"命运呢？"

那人终于恍然大悟，原来命运是在自己的手里。

各位，同样，我们的成长，是我们自己来决定还是由别人来决定？对，是由我们自己决定。今天学习的结束是未来成长的开始。我相信大家一定能够在未来不断将所学进行实践，并创造更高绩效，谢谢大家！再见。

（2）寓言故事法举例

全国著名的推销大师，即将告别他的推销生涯，应行业协会和社会各界的邀请，他将在该城中最大的体育馆，做告别职业生涯的演说。

那天，会场座无虚席，人们热切、焦急地等待着，那位当代最伟大的推销员作最精彩的演讲。当大幕徐徐拉开，舞台的正中央吊着一个巨大的铁球。为了这个铁球，台上架起了高大的铁架。

一位老者在人们热烈的掌声中，走了出来，站在铁架的一边。他穿着一件红色的运动服，脚下是一双白色胶鞋。

人们惊奇地望着他，不知道他要做出什么举动。

这时两位工作人员，抬着一个大铁锤，站在老者的面前。主持人这时对观众讲：请两位身体强壮的人，到台上来。好多年轻人站起来，转眼间已有两名动作快的跑到台上。

老人对他们讲规则，请他们用这个大铁锤，去敲打那个吊着的铁球，直到把它荡起来。

一个年轻人抢着拿起铁锤，拉开架势，抡起大锤，全力向那吊着的铁球砸去，一声震耳的响声，那吊球动也没动。他就用大铁锤接二连三地砸向铁球，很快他就气喘吁吁。另一个人也不甘示弱，接过大铁锤把铁球打得叮当响，可是铁球仍旧一动不动。台下逐渐没了呐喊声，观众好像认定那是没用的，就等着老人做出什么解释。

会场恢复了平静，老人从上衣口袋里掏出一个小铁锤，然后认真地，面对那个巨大的铁球。他用小锤对着铁球"咚"敲了一下，然后停顿一下，再一次用小锤"咚"敲了一下。人们奇怪地看着，老人就这样"咚"敲一下，然后停顿一下，就这样持续地反复。

10 分钟过去了，20 分钟过去了，会场早已开始骚动，有的人干脆叫骂起来，人们用各种声音和动作发泄着他们的不满。老人仍然一小锤一停地工作着，他好像根本没有听见人们在喊叫什么。人们开始愤然离去，会场上出现了大块大块的空缺。留下来的人们好像也喊累了，会场逐渐地安静下来。

大概在老人进行到40分钟的时候，坐在前面的一个妇女突然尖叫一声："球动了！"刹那间会场鸦雀无声，人们聚精会神地看着那个铁球。那球以很小的摆度动了起来，不仔细看很难察觉。老人仍旧一小锤一小锤地敲着，人们好像都听到了那小锤敲打铁球的声响。铁球在老人一锤一锤的敲打中越荡越高，它拉动着那个铁架子"咣、咣"作响，它的巨大威力强烈地震撼着在场的每一个人。终于场上爆发出一阵阵热烈的掌声，在掌声中，老人转过身来，慢慢地把那把小锤揣进兜里。

老人开口讲话了，他只说了一句话："在成功的道路上，你没有耐心去等待成功的到来，那么，你只好用一生的耐心去面对失败。"

在座的各位老师，听完这个故事大家有什么感触。我们每一个人都在努力追寻自己心目中所谓的"成功"。但是成功并不是你每天在想，每天在嘴边念就会实现的。如果你想让自己的事业和生活能够像这个大铁球一样摆动到最高点并产生"飞轮效应"。就需要你花费更多时间，投入更多精力，专注一件事情，把它做到最好，你所有量的积累就会有质变的那一刻。最后，希望大家把这两天所学能够活用在我们的工作当中，让自己在台上魅力四射。

3. 名言佳句法

课程结束的时候你还想给学员一些启发和思考，并且能够让他马上学会和掌握，那就考虑来句名言佳句吧。脍炙人口的名言佳句会给你的课程起到画龙点睛的效果。

（1）名言佳句法举例

各位，请你们记住今天学习的内容，回去以后反复地练习，您一定会

成为一名精英演说家。当然，你们回去执行的时候，肯定会遇到很多困难，但是我们要记住英国前首相丘吉尔曾经说过的一句话："不要放弃，永远都不要放弃！"

（2）名言佳句法举例

《论语》有云：工欲善其事，必先利其器。我们各位老师如果想在台上有精彩的演绎和呈现，把课程讲清楚，让学员爱听，听得懂，就需要我们不断修炼自己的授课技巧、课程开发技巧，只有这样，我们才能绵绵不绝、厚积薄发。希望大家不断实践授课技巧，内化为自己的能力，更好地在台上传道、授业、解惑。谢谢大家。我们的课程到此结束。

4. 总结归纳法

这是一种中规中矩的课程结尾方法，课程结束时，复习课程要点和重点，再结束课程。此方法能够加深学员对主题与培训内容的记忆，因为成年人容易遗忘，所以内训师要多总结，多回顾，以拉高学员的记忆曲线。

总结归纳法按照主体分类有两种方法：一种是以内训师为主体来进行总结，这也是比较常用的。另外一种是以学员为主体来进行总结归纳，让学员自己说出知识点，可以加深学员的印象；同时让他们制定行动计划，在教室做承诺，回岗位之后执行的几率会增高一些。

（1）总结归纳法举例（以内训师为主体进行总结归纳）

各位学员，两天的课程即将结束。我看到大家都记了很多笔记，说明大家今天的收获还是很大的。来，大家把笔记本合上，一起跟着我回顾一下今天我们都学习了哪些重点内容，帮助大家再理一理思路，方便我们后续的复习和总结……

（2）总结归纳法举例（以学员为主体进行总结归纳）

各位学员，两天的课程马上就要结束了。我相信各位在这两天中或多或少都会有自己的感悟和收获。接下来，给各位5分钟，请大家单独思考以下2个问题：第一个问题是昨天、今天两天课程中，我最有收获的是哪一点？第二个课程结束之后我会在实际授课中运用哪个方法和工具？好，5分钟到，现在我们全班同学用传递麦克风的方式，每位学员按照小组序列轮流发言，我们从第一组开始……

5. 幽默收尾法

用幽默、风趣的语言结尾，为参训学员带来欢声笑语，使课程更富有趣味，令人在笑声中深思，并给学员留下一个愉快的印象。

（1）幽默收尾法举例

我国著名作家老舍先生是最喜欢运用幽默法的。他在某市的一次演讲中，开头即说："我今天给大家谈6个问题。"接着，他第一、第二、第三、第四、第五，井井有条地谈下去。谈完第5个问题，他发现离散会的时间不多了，于是他提高嗓门，一本正经地说："第六，散会。"听众起初一愣，不久就欢快地鼓起掌来。

（2）幽默收尾法举例

在延安的一次演讲会上，当演讲快结束时，毛泽东掏出一盒香烟，用手指在里面慢慢地摸，但摸了半天也不见掏出一支烟来，显然是抽光了。服务人员十分着急，因为毛泽东烟瘾很大，于是有人立即动身去取烟。毛泽东一边讲，一边继续摸着烟盒，好一会儿，他笑嘻嘻地掏出仅有的一支烟，夹在手指上举起来，对着大家说："最后一条！"

这个"最后一条"，既是最后一个问题，又是最后一支烟。一语双关，妙趣横生，全场大笑，听众的一点疲劳和倦意也在笑声中一扫而光。

讲完之后，王振继续询问许静："怎么样？5种方法记住了吗？有没有还要我做补充说明的？"

"没有了，谢谢王经理，我觉得我现在就缺少练习和实战了。现在听了之后感觉非常好，也很有冲动想设计开场白和收尾来上那么一段。如果不练习，不自己亲自去做做，这些内容应该很快就会还给你了。而且只有练习过了，实战过了，才会遇到问题，这时候提出的问题应该更有针对性吧！"许静说道。

"你的思路是对的。用行动来指导学习。实战出真知，那我就等着你的好消息了。"王振鼓励许静。

TRAINING THE
TRAINER TO TRAIN

第六讲
培训实施（下）

66 许静，还记得在第一次上课的时候，我们提到了老师授课要设计课程的心电图。心电图可以帮助老师设计出情理并茂、内容和形式并用的课程。"王振边说着边打开了电脑及 PPT。"你看图上的这根教学进程线，如果这根线是平的，完全没有曲折，就说明这样的课程就没法调动学员的积极性，更多的只是老师单纯的讲授。好的课程应该是让教学进程线有起伏跌宕，只有这样的课程才能引导学员的参与，才能让学员讨论、练习、实践并学习到知识和技能。"王振喝了口水继续说道，"按照分类，学习心电图有三类。"王振走到白板边，边写边说。

第一类：传统的课堂学习活动

第二类：主动学习的课堂学习活动

第三类：基于问题解决的课程学习活动

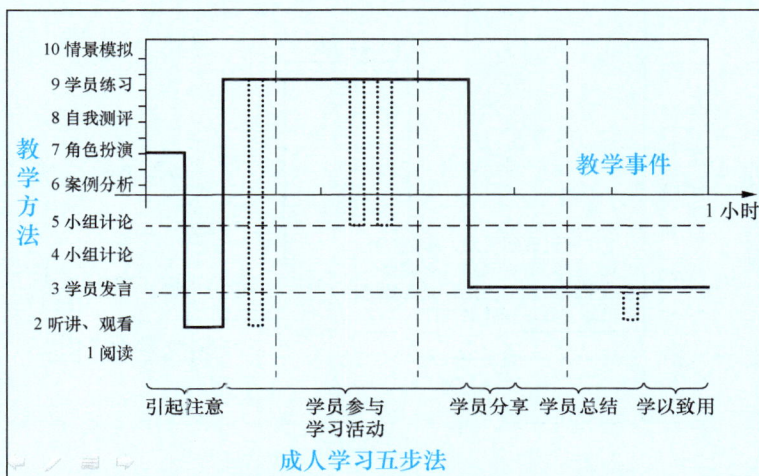

课程设计心电图

写完这 3 种课程学习活动之后，王振分别对 3 种活动做了详尽的解释，同时用案例来辅助许静的理解。

☞ 传统的课堂学习活动

对于很多内训师来讲，能做到第一类的学习活动的设计已经非常不错了。因为至少在第一类活动中，有老师的讲解和示范，有学员的模仿练习，还有学员的分享和发表，最终还有讲师的点评和总结。所以这是一个比较完整的教学流程，能够调动学员的积极参与，并充分思考和发表自己的观点，同时通过现场练习掌握方法和技能，这样的课程相对还是比较实效和落地的。而很多的老师没有这样的认识和体会，他们的课程大多数还是以单纯的讲授为主，没有调动学员的积极参与，把学员排除在课堂以外。

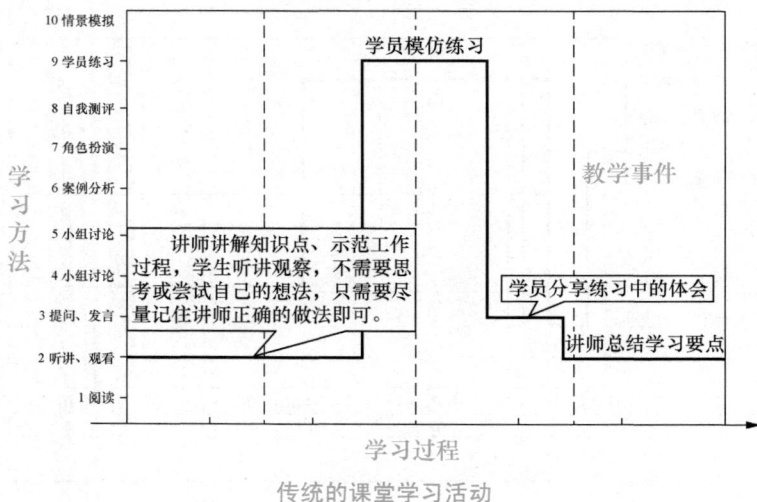

传统的课堂学习活动

传统的课堂学习活动有案例分析教学法、角色扮演教学法、视频案例教学法等。接下来我们就对这 3 种常用的教学法做一个说明，并通过举例让大家对 3 种教学法有一个更加直观的了解。

1. 案例分析教学法

（1）概述

案例分析法是指把实际工作中出现的问题作为案例，向参加者展示真实的背景，提供大量背景材料，由参加者依据背景材料来分析问题，提出解决问题的方法。通过个性案例，找到解决问题的共性规律，再用共性规律去解决个性化的问题；从而培养学员的分析能力、判断能力、解决问题能力及执行业务能力。

（2）适用范围

案例分析法的重点是对过去发生的事情作诊断或解决特别的问题，它比较适合静态地解决问题。新进员工、管理者、经营干部、后备人员等阶层员工均适用，也适用于学习解决问题的技巧或教授解决问题的程序。

（3）操作步骤

◇ 案例的收集和准备

◇ 案例的铺垫

◇ 案例的讨论

◇ 案例的发表

◇ 案例的点评和升华

案例分析教学法举例1

◇ 案例背景

一位作业人员冒冒失失地闯进人事部，紧绷着脸，不太高兴。他要见人事主任，但主任正好不在，由办事员阿保接待。这位作业员知道主任不在后，就说："那我等他回来再说！"

阿保好奇地问："你不是小华吗？你今天早上才来报到的，我不是帮你办好报到手续并把你带到工作现场了吗？""我大概不能做这份工作了。"小华沮丧地说。

原来在阿保帮小华办好报到手续之后，就把他带到工作现场，并介绍给组长认识。小华和组长经过简短的交谈之后，确实很短，因为那个时候组长正忙着。组长就把他带到某个机器旁，并拿出一份工程蓝图，指出只要把零件插入机器的洞里，机器就可以自动钻孔了。解说完之后，组长就亲自操作了一遍，并问小华，这样懂不懂？小华点头表示没问题，组长于是说你现在开始做，我等下来看你，于是匆匆地离开了。

小华按照蓝图设计一个零件，开始插进洞里，但是好像有什么地方不对

劲。这会儿他可糊涂了：刚才看组长做得很轻松，怎么自己连对都对不准？真是越急越做不来，不知道该如何是好。终于鼓起勇气问另外一位作业员，但这位作业员正忙着赶工，冷冷地说："组长没教你吗？你等他回来再问好了。"

于是小华耐心地想等组长回来，但等了很长时间组长都没有回来。这时他也不想做了，就跑去人事部想辞职。阿保知道原委后，拉着他就去找组长，终于找到组长，组长听了也非常吃惊，他说："我不是教过你，你也说没问题的吗？"

▶ 讲师提问：1. 请问以上案例中，组长在教导下属时有什么问题？

2. 如果你是组长，你要如何做来避免此类事情发生？

▶ 学员讨论并发表观点

▶ 讲师点评和总结

以上案例所犯的错误是很多民营企业都会涉及的错误。因为民营企业普遍管理不够规范，导致员工入职时间不长即选择离职。很多时候，员工入职因公司，而离职因为上司。所以在本案例中，组长简单的教导和沟通方式也是员工离职的原因。

管理者的在职辅导（OJT，On Job Training）是下属能力提升的重要环节，尤其在生产企业中，师傅带徒弟就更重要了。在职辅导是有口诀和步骤的。一般来说，在职辅导的口诀有 5 个步骤：说给他听，做给他看，让他说说看，让他做做看，回过头来再看一看。比如，我要教别人用投影仪这个设备。我要先把投影仪的功能和接口告诉对方，让他了解应该插在哪个接口，需要按哪些按钮。第二步是做给他看，我实操一遍，如何接线，如何打开投影仪，如何调焦距，如何调色差，如何关闭投影仪等。第三步就换对方来说说，把我所讲的大概复述一遍，我就知道他是否把我说的听进去了。第四步是让他来做做看，实际操作一遍，只有自己动手了才是最有心得的。到这里还没有结束，还有第五步是再回头看一看，这里有两层含义。第一层含义是当他做完后，我马上给他反馈和点评，他哪些地方说得不够好，哪些地方做得不够到位，是不正确的，这样他才能提升，才能确保下次做得更好。另外一层含义是隔一段时间之后我再来抽查他是否能正确使用投影仪了，如果他能很好地使用，说明他就已经基本掌握这项技能了。所以这是一个完整的辅导别人的流程，基本上能让对方掌握。

但是我们看到案例里面的组长虽然也给下属指导工作，但是他的步骤明显缩短和简单了。他一开始先说给他听，再做给他看，然后问会不会。下属会怎么说？一般都会说："会。"但是实际上他并不会。第二是组长教导的时候没有走后面三步，所以导致下属没有在组长眼皮底下实操一遍，没有得到反馈和点评，故技能掌握不扎实。缺少组长的教导，关键时刻又找不到组长，所以员工刚进入公司却又要离职了。

所以，这个案例对我们的启示还是蛮大的。我们作为管理者，要更多站在下属的角度去思考问题。下属是新人，所以你的教导要更加耐心，更多投入。每次教导，都把 OJT 的 5 个步骤扎扎实实的走一遍。这样虽然看起来费一些时间，但是因为员工掌握了，就可以慢慢越做越好，从长远看是效率最高的一种方法。同时，因为下属感受到你对他工作的支持和关注力度，他也会对你更认可和拥护，工作反而会更卖力，离职率自然也就降低了。

案例分析教学法举例 2

◇ 案例背景

（刚刚上班，下属业务员 B 便忙着准备明天与客户交流的重要材料，部门经理 A 走了进来）

部门经理 A：小 B，有时间吗？

业务员 B：什么事？经理。

部门经理 A：一年结束了，我想就考核结果与你沟通一下！

业务员 B：现在吗？

部门经理 A：就现在，我 10 点 15 分还有个重要的会议要参加，唉，沟通！不知道大家都很忙，人力资源部总给大家添麻烦！

业务员 B：（看了一下表，时间是 10:07）头，我手头还有些事啊……

部门经理 A：别啰嗦了，时间很紧张，赶紧来我办公室。

业务员 B：（无奈地）好吧！

（部门经理 A 的办公室，在部门经理文件堆积如山的办公桌前，业务员 B 忐忑不安地面对部门经理 A 坐下。）

（电话铃响，A 拿起电话，"喂，是王总啊。"）

部门经理 A：（通话大约用了 5 分钟），刚才我们谈到哪里了？

业务员 B：准备开门见山。

部门经理 A：哦，对！你 2015 年全年总体干得还不错，工作基本上可以接受，有些方面的成绩还是挺明显的，成绩大家都清楚，我就不细讲了。小 B，你的问题不少啊！尽管我们商定的任务完成得还可以，但在与他人沟通协调、互动交流等方面比较欠缺，以后应多注意点。

业务员 B：我想知道，您刚才说我沟通协调能力差，具体指什么？

部门经理 A：小 B，你从来没有给我分过忧，还惹过不少麻烦，这一点你应该很清楚。

业务员 B：我……

部门经理 A：你不要强词夺理了！回去好好反思一下，下一步如何改进！

业务员 B：我全年的工作全部都按照要求完成了，考核结果应该……

部门经理 A：应该怎样？小 B，你放心，咱们部门总共不足 20 人，谁好谁差，谁哪方面强，谁哪方面弱，我心中有数。

业务员 B：您得出这个结论，是不是因为我上个月与某集团项目组协调会上那次争吵，还有……

部门经理 A：你不用扯太远了，你只要与身边的李莉比比，就该知道我为什么说你的协调能力差了。

业务员 B(暗自思忖：怪不得我 4 个季度考核成绩 3 次都比她差)：经理，她是老员工，协调起来自然有优势，但我沟通协调能力并不差啊，从其他方面说，我工作速度明显比她快，工作中也比她敢于坚持原则，她经常按时上下班，而我经常加班加点，还有……

部门经理 A：今天就到谈到此吧。顺便说一句，你现在工资也不算低，知足吧！

业务员 B：（茫然）……

（部门经理 A 匆匆赶去会议室，业务员站在那里，待了很久。

▶ 讲师提问：**1.** 请问以上绩效面谈的案例中有哪些问题点？

　　　　　　2. 你认为正确的绩效面谈的流程和步骤是怎么样的？

▶ 学员讨论并发表观点

▶ 讲师点评和总结：

关于这个案例，我们认为这位部门经理的绩效面谈是简单、粗暴的。只是为了完成一个任务。这样的绩效面谈给员工造成的伤害还不如没有绩效面谈。刚刚大家罗列了很多这次绩效面谈的误区，我们把它整合成一个表格，有以下 20 多项。

绩效面谈问题点		
准备不足	**没达成共识**	**地点不对**
没有提前通知	指出的问题笼统	没激励员工
指标不具体	批评没有讲明事实	绩效面谈没有结果
电话打扰	面谈条理不强	人与人进行比较
没有联络感情	没有过程控制	面谈时间太短
认识不足	不注意沟通技巧	沟通目标不明确
绩效改善方向不明确	没有总结成功经验	没约定下次面谈时间
不尊重下属，主观意识强	不给下属解释机会	没有下一阶段的目标设定
抱怨人力资源部	面谈氛围塑造	……

关于绩效面谈的流程，我们总结了 6 个步骤。依照这 6 个步骤，做好准备工作，同时注重一定的反馈和沟通技巧，并且多让下属说话，给予专注的聆听。用三明治批评法指出对方的不足之后，不忘最后的鼓励。多尝试，多思考。你会发现你的绩效面谈能力会有长足的进步，下属都会喜欢和你面谈和交流。

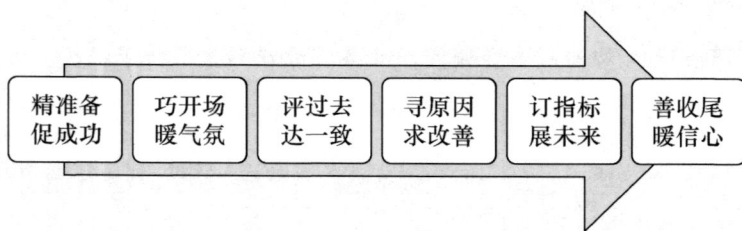

精准备促成功 → 巧开场暖气氛 → 评过去达一致 → 寻原因求改善 → 订指标展未来 → 善收尾暖信心

绩效面谈六步骤

案例分析教学法举例 3

案例背景

在福德电器公司的培训教室中，内训师凯文正在主持一堂销售技巧的课程。学员都是有经验的销售人员。这时凯文正在问学员问题，他的计划是通过询问，让学员们自己归纳出顾客的购买过程。他问了第一个问题："顾客如果要购买一辆车，他需要考虑什么要素呢？"

"会考虑自己的预算。"他的提问立即得到了学员李莲的回应。

凯文对李莲的回答表示了谢意，很快又问："那除了预算呢？"

李莲马上回答："车的颜色和款式。"

"很好，也就是对产品的需要，对吗？"凯文继续问，"除了产品呢？"

"还有就是考虑什么时候买。"

凯文的话刚刚落下，李莲的回答就马上响起来了。这让凯文有些不快，他觉得李莲参与得太快。他希望别人也能参与。但其他学员好像并没有充分地参与到课堂中来。尤其是后面的一个叫赵敏的学员，从上课就一直没有说过任何话。于是他进行了下一个提问："购买的时机的确是我们考虑的一个问题。可是除了购买时机呢？赵敏，你能不能说说你的看法？"

赵敏显然没有想到凯文会让她回答，她一愣，有些尴尬，就声音很小的说："对不起，我暂时没有想法。"

凯文不理会李莲希望回答这个问题的眼神，又点名叫另外一位学员马丁回答，因为他看到马丁正在本子上画小人。

"可能还有很多吧？"马丁含糊地说。

"那能不能给我们举一个例子？"凯文说。

"比如，得问问太太的意见。"

马丁的回答让课堂上的人哄堂大笑。凯文忍住不快，对马丁说："马丁，你能不能认真回答问题？"

他的话引来马丁的反问："谁说我回答问题不认真？我倒是不明白了，

你问了那么多问题，你想干什么？你想听到什么答案？你可以直接把你想听到的答案说出来，就不用把我们累得要死！"

大家都沉默了，局面有些尴尬。凯文没想到马丁的反应那么激烈，又似乎有些道理，一时间不知道如何回应，就本能地提高了嗓音，大声说："我问问题的目的当然是为了你们能够自己总结出顾客的购买过程，根据成年人的学习原理，自己领悟到的要比告诉他们得到更多……"

他的话被另一位带眼镜的名叫麦克的学员打断了："要比他人告诉得到的印象深刻。对，确实是这样的。其实，我是知道顾客的购买过程是这样的，一般来说，顾客购买任何一件商品主要经过4个步骤：一是收集信息，二是建立自己的备选清单，三是咨询专家，四是购买决定。比如说，要买一台洗衣机，首先要到商场逛一逛……"

麦克的发言持续了足足5分钟才停下来，阐述的观点和内容有些是凯文想讲的，但有些不是。他正考虑如何处理，所有的学员都给麦克鼓起掌来，还有的大声附和："对呀，对呀，就是这样！"

"天哪，我该怎么办？要不要说明麦克有些话是不对的，至少不是我想说的？"凯文面对着大家对麦克的赞美，拿不定注意。

▶ 讲师提问：1. 凯文的提问为什么没起到应有的效果？为什么会被学员挑战？

2. 你认为应该用怎样的方式让学员参与回答和讨论会比较好？

▶ 学员讨论并发表观点

▶ 讲师点评和总结：

凯文的遭遇很多内训师可能都遇到过，认为自己是在遵循成年人的学习原理，激发成年人的学习积极性，但为什么并没有取得自己应有的效果呢？其实很多内训师只是抓住了"问问题"这个形，并没有了解为什么要去做的核心原因，所以会导致问问题出师不利，遭遇学员挑战或冷场。

内训师在课堂上的互动引导、提问的目的是让学员思考、参与课程，和老师一起找到答案。因为只有学员自己参与并找到答案学员才更有感觉，才觉得是自己努力的成果。同时在提问引导学员回答的时候，老师也需开放、具有弹性，能够对接学员的各种答案，而不是老师预设了标准答案，让学员往里面跳。这样的方式往往是学员比较反感的。

下面我们分析凯文这个案例。一开始学员李莲积极回答问题，说明她是一位非常积极参与课程的学员，且能够快速给出答案，对学习内容也是比较专业的。这种学员是老师非常喜欢的。因为他们会主动积极配合老师授课，有效防止课程冷场，是老师课程中忠实的"托"。所以老师都希望这样的学员在课堂中越多越好，也都希望能在课堂中多发展几位这样优秀的学员。即使凯文觉得因为李莲多次快速的回答或抢答使得其他同学的参与度变低，他也应该再给李莲一个积极的反馈之后再去寻找其他学员的参与和互动。这是对学员一种最基本的尊重和认可。比如，凯文可以这么说："来，我们大家给李莲一个热烈的掌声。她的回答还是非常到位的，可以看得出李莲是在积极思考这个问题的。那除了李莲同学之外，我相信其他学员肯定对这个问题也有自己的看法，谁可以自告奋勇给我们分享一下的？"当老师这么说的时候，不仅李莲觉得自己受到了尊重和认可，同时老师也把问题丢给其他学员，也让其他学员积极参与到问题的回答中来。

当现场出现冷场、没有学员回答问题时，老师也尽量不要指名道姓请一位学员发言，因为这样的风险还是挺大的。一方面会让这位被点名的学

员没有安全感，如果回答不了会很尴尬；同样对老师来说，如果养成点名让学员回答问题这种习惯也是不太好的，会让学员比较反感。如果遭遇到学员冷场，没有人回答问题。

凯文在课堂中挑战不认真学习的学员马丁，点名其回答问题。结果反而被马丁成功反击。说明老师在授课中心中不要预设太多的标准答案，因为任何学员的回答都是有一定的价值的，只是大家站在不同的角度，处于不同的状态而已。所以从这个思路来看的话，马丁的答案完全是符合道理的。他说："得问太太的意见。"老师可以这么回应和反馈："是的，马丁回答得非常有道理，当我们决定购买一件大型物品时，确实要征求多方意见作为科学依据和判断，而作为我们的亲人，如太太，她的意见和观点也是我们要重点考虑的。所以马丁的答案我可以总结成是要征询亲朋好友的意见，马丁，对吧？"按照这样的思路既可以得到马丁的认同，也让学员知道在课堂里回答问题是安全的，不会被老师讽刺挖苦，大家的积极性才会越来越高涨。而不是像凯文那样简单地否定学员，导致马丁的反击。

最后的麦克显然就是一位得道高人，对专业知识的理解比凯文有过之而无不及，甚至还超过凯文。只是这种高手一般轻易不发言，除非他觉得台上的这个老师做得太过分了，或者一些行为举止已经引起了他的反感，他才会出手。而且因为他是高手，所以一旦他出手，老师都很难招架。怎么办？老师一定要有一个概念，那就是老师没法是一个全才，不可能在每一个领域都是专家，都是权威，特别在现在这个知识、信息爆炸的年代。所以当老师发现台下的学员在这个领域比你专业，比你有见解，就放弃狡辩和抗争，直接把舞台让给这位学员，请他发表就这件事情的看法，最后给一个赞美和肯定。学员看到的是一位大气、宽容的好老师，高手会因展露自己的优势而攒足面子，也在内心感谢你给他这么一个展现自己专业的舞台，他也就不会在心里对你有那么多抵触，反而会转向支持你，积极配合你的课程。反之，你如果让高手没有得到应有的尊重，他就会想尽办法挑战你，让你的课程没法顺利进行下去。

通过这个案例，我们会发现要作为一名老师，你可以很自然地和学员进行互动，让学员积极投入课程，只要你心中装着学员，懂得尊重他们，懂得成年人的学习心理。而如果你只是在走一个形式，只是为了问问题而问问题，完全不顾学员的感受，没有给予学员应有的尊重和关注，你的课程就会举步维艰，很难与学员有效融洽地行进下去。

2. 角色扮演教学法

（1）概述

角色扮演法是提供给学员某种情境，要求一些成员担任各个角色并出场表演，其余学员观看表演，注意与培训目标有关的行为。表演结束后进行情况汇报，扮演者、观察者联系情感体验来讨论表现出的行为。

角色扮演法可以分为两类：一类是结构性的，角色扮演的条件、问题是预先设计好的，是从普遍的管理问题中抽象出的特例。

另一类是自发性角色扮演，是学员在学习过程中学会发现新的行为模式，减少在人际交往中的拘束和过强的自我意识。

（2）适用范围

角色扮演法可以在决策、管理技能、访谈等培训中使用，适用于对实际操作人员或管理人员的培训，主要是运用于询问、电话应对、销售技术、业务会谈等基本技能的学习和提高。

角色扮演法培训也适用于新员工、岗位轮换和职位晋升的员工的培训，

主要目的是为了尽快适应新岗位和新环境。

（3）操作步骤

▶ 准备阶段

◇ 确定培训目标

◇ 构想问题情境

◇ 决定扮演的角色

◇ 选择扮演者及安排观察者

◇ 布置表演场所

▶ 实施阶段

◇ 进行扮演活动

◇ 讨论角色

◇ 评估角色扮演

◇ 观察员点评

◇ 讲师点评和总结

角色扮演教学法举例 1

案例背景：

指导语：请快速阅读关于你所扮演角色的描述，然后认真考虑如何去扮演那个角色。你将与其他两个人合作，因为你们三个角色的行为是相互影响的。进入角色前，请不要和其他两个应试者讨论即兴表演的事。请运用想象力使表演持续 10 分钟。

角色一：图书推销员

你是个大三的学生，你想多挣点钱自己养活自己，不让家里寄钱。这个月内你要尽可能多地卖出手头上的图书，否则就将发生"经济危机"。你刚才在党委办公室推销，办公室主任任凭你怎样介绍书的内容，他就是不肯买。现在你正进入人事科。

角色二：人事科科长

你是人事科的科长，刚才你已注意到一位年轻人似乎在隔壁的党委办公室推销书，你现在正急于拟定一个人事考核计划，需要参考有关资料。你想买一些参考资料，且又怕上当受骗，你知道党办主任走过来的目的。你一直很反感被别人当作没有主见的人。

角色三：党委办公室主任

你认为大学生推销书是"不务正业"。他们只是想一个劲儿地说服别人买他的书，而根本不考虑买书人的意愿与实际用途。因此你对大学生推销书的行为感到很恼火。你现在注意到那位大学生走进了人事科的办公室，你意识到这位大学生马上会利用你同事想买书的心理推销成功。你决定去人事科阻挠那个推销员，但又意识到你的行为过于明显会使人事科长不高兴，认为你的好意是多余的，并产生你认为他无能的错觉。

角色扮演要点参考如下。

角色一：①对人事科科长尽量诚恳而有礼貌；②避免党办情形的再度发生，注意强求意识不要太浓；③防止党办主任的干扰（党办主任一旦过来，即解释：该书对党办的人可能不一定适合，但对人事科的工作人员则不然）。

角色二：①应尽量鉴别书的内容，看其实用价值如何；②最好在党办主任说话劝阻前作出买还是不买的决定；③党办主任一旦开口，你又想买则应表明你的观点，说该书不适合党办是正确的，但对你还是颇有用的。

角色三：①装着不是故意来阻挠的；②委婉表述你的意见；③掌握火

候，注意不要惹恼了人事科科长和大学生。

▶ 讲师工作：

1. 事先准备好角色扮演练习说明书，并按照角色说明和角色扮演参考要点撕成相应的纸条。

2. 找到三位学员分别扮演图书推销员、人事科科长及党委办公室主任，并发给其相应的角色说明和参考要点（每个人只能看到自己的角色说明和参考要点）。

3. 讲师给其余学员发放完整的角色说明书，帮助其理解各个角色。其余的学员作为观察员，观察并思考整个扮演的进程。

▶ 讲师提问：1. 是什么阻碍了三个人达成各自的沟通目的？

2. 这些阻碍因素对我们的沟通有什么启发意义？

▶ 学员角色扮演并发表观点

▶ 讲师点评和总结

这个 10 分钟是非常有意思的，也是很多真实情景的反映。我们会发现在很多现实场合，因为每个人都有自己的初衷和目的，同时也不愿意聆听别人的想法和意见。只是想发表自己的看法，想着让别人接受自己的看法就成功了。而从来没去考虑对方真正想要的是什么？对方在乎的是什么？因此就导致沟通的效率很低，同时也遭致他人的反感。这里的每个角色都同时要面对两个角色进行沟通，且各个角色的目的，性格特征等完全不同，所以难度是挺大的，但是也并非无从下手，只要懂得对方所要的，能够有针对性地进行沟通和交流，还是会有收获的。

比如，对于图书推销员来说，他要把书卖了，才能有钱，才能不至于没饭吃。但这个并不能成为大学生图书推销员一味推销、只顾卖书、不顾他人感受的理由。

当他面对党委办公室主任时，因为对方认为自己"不务正业"，只是想多赚点钱，同时推销的书籍也与对方的意愿和实际用途匹配度不高。因此在与党委办公室主任交流时，你要让他觉得你是一位想自食其力的大学生，通过自身的努力养活自己，同时锻炼自身的能力。同时对于自己向主任推荐了不符合他意愿和实际用途的书籍这件事保持道歉，说明自己社会阅历尚浅，不能很好地把握客户的需求。同时向主任虚心请教：应该怎么样去匹配客户实际需要去介绍书籍。因为他资历深厚，经验丰富。并对他的指导表示感谢。这样的一些说法和做法，可以降低主任对大学生推销员的反感，减少其阻力。

当大学生面对人事科科长时。因为人事科从事的工作关系，科长一般讲话做事比较委婉，不像主任那样直接。同时耳根子也比较软，容易听进去别人的一些话语，但是对于过度的推销也是非常反感的。因此面对人事科长时，大学生首先要确保自己所推荐的书籍是科长当下需要的，而不能再犯在主任那边的错误了，这是第一点。同时面对科长要真诚有礼貌，并说明自己此行的目的，以及为什么现在在卖书的原因。对于人事科长的询问要给予一定的赞美，如您工作非常积极细致，愿意买参考书籍让自己的工作可以做得更好，企业有您这样的好员工真是太幸福了，等等。对于推荐给科长的书籍，也能大致说出其优劣势（这就要求大学生要做好准备，对自己所售书籍有一定的了解和认知），帮助科长做决策。这样才能提高成功率。因为你已经在办公室处理好了和党委主任的关系，所以现在他也不会想尽各种办法去阻扰你的沟通和讲解。

所以通过这个案例，我们可以看到，沟通是基于相互的理解和尊重的，

同时要了解对方的需求。只有这样，沟通才能减少误会，才能朝着既定的方向前进，减少内耗和时间成本。

角色扮演教学法举例 2

案例背景：

✧ 销售人员角色资料

1. 有关角色

A. 你扮演的角色是福得电器公司的销售代表麦克。

B. 你的伙伴扮演的角色是湖北路路达洋行家电采购部主任珍妮。

C. 在旁边进行观察的第三方是观察员。

2. 有关福得电器公司和路路达洋行简介

A. 福得电器公司是世界上最大的小家电制造商，在全球有广泛的品牌知名度，刚刚进入中国市场。目前在中国有 2 个工厂，主要生产电熨斗、电饭煲等小家电。在中国市场上的主要竞争对手是美丽华公司，一家中国国有大型企业。其产品线及销售模式与福得公司基本相同。

B. 路路达公司是一家大型洋行，在湖北地区每年有 2 亿元的分销实力，仅次于安发公司，安发公司在该地区的年销售额达 2.5 亿元。

3. 基本信息

这次会面是你和珍妮的第一次会面。对于这次会面，你事先已经和她通过电话预约。

4. 你的任务

按照销售开场白的要求，20 分钟内设计并说出你的开场白。如果你的开场白没有被客户接受，唯一的原因是你没有遵守课程所要求的有关开场白的全部或某一个步骤。开场白被接受就说明你的任务已经完成，你不必进入具体洽谈生意阶段。

5. 你的权利

A. 你可以在表演中途稍微停顿，以整理思路。

B. 观察员会根据你练习的状况，给予你必要的协助，因此他很可能会中途打断你和客户的谈话；你也可以随时中断谈话，向观察员询问有关技巧练习的信息或进行某项技巧的求助。

C. 你可以自由设计开场白目标，但必须按照开场白的步骤进行阐述。

6. 你的义务

A. 成为剧本中的角色，设身处地按照角色的要求表现行为。

B. 你的目的是练习技巧，必须按照技巧模式练习，绝对不能使用与技巧模式无关的方式达成目标。

7. 技巧复习：开场白

销售代表和客户见面的10分钟内，运用开场白的技巧形成有利于洽谈生意的氛围，开场白的具体步骤如下。

（1）说明拜访目的

（2）阐述拜访利益

（3）陈述拜访要点

（4）询问是否接受

✧ 客户角色资料

背景资料：

1. 有关角色

A. 你扮演的角色是湖北路路达洋行家电采购部主任珍妮

B. 你的伙伴扮演的角色是福得电器公司的销售代表麦克。

C. 在旁边进行观察的第三方是观察员。

2. 福得电器公司和路路达洋行简介

A. 路路达公司是一家大型洋行，在湖北地区每年有 2 亿元的分销实力，仅次于在该地区年销售 2.5 亿元的安发公司。分销网络可以覆盖湖北省 1/3 的重要百货店和中型超市以及便民店。你为此深感自豪。

B. 福得电器公司是世界上最大的小家电制造商，最近刚刚进入中国市场。营福得的竞争对手是美丽华公司，美丽华是一家国有大型企业。

3. 基本信息

这次会面是你和麦克的第一次会面。你估计这次会面可能是有价值的，因此在电话中同意了他的面谈要求。

4. 你的任务

配合销售人员练习开场白的技巧。销售人员将在 20 分钟内向你阐述他有关此次拜访的开场白。如果你发现他的开场白没有遵守课程要求的所有步骤或某一步骤，不论他说什么，你都说："我没有兴趣。"如果销售代表所做的开场白完全遵守课程标准，则你必须接受他的开场白。你不必和销售代表进入具体洽谈生意阶段。

5. 你的权利

A. 你可以在表演中途稍微停顿，以整理思路。

B. 观察员会根据你练习的状况，给予你必要的协助，因此他中途很可能会打断你和销售代表的谈话；你也可以随时中断谈话，向观察员询问或求助有关技巧练习的信息。

C. 如有必要，你可以设计与案例吻合的一些细节，不必在与技巧练习无关的细节上浪费时间。

6. 你的义务

A. 成为剧本中的角色，设身处地按照角色的要求表现行为。

B. 你的行为是销售人员判断自己是否进行了正确行为的信号，因此，如果销售人员使用与技巧模式无关的方式对达成目标进行尝试，你一定要说："不，不行，我没兴趣"之类的话拒绝他。

7. 技巧复习：开场白

销售代表和客户见面的 10 分钟内，运用开场白的技巧形成有利于洽谈生意的氛围，开场白的具体步骤如下。

（1）总结说明拜访目的

（2）阐述拜访利益

（3）陈述拜访要点

（4）询问是否接受

◇ 观察员角色资料

1. 有关角色

A. 你扮演的角色是观察员。

B. 演员扮演的角色分别是：

福得电器公司的销售代表麦克；

湖北路路达洋行家电采购部主任珍妮。

2. 福得电器公司和路路达洋行简介

A. 路路达公司是一家大型洋行，在湖北地区每年有 2 亿元分销实力，仅次于在该地区年销售 2.5 亿元的安发公司。路路达公司的分销网络可以覆盖湖北省 1/3 的重要百货店和中型超市以及便民店。

B. 福得电器公司是世界上最大的小家电制造商，在全球有广泛的品牌知名度。最近刚刚进入中国市场。目前在中国有 2 个工厂，主要生产电熨斗、电饭煲等小家电。在中国市场上的主要竞争对手是美丽华公司，一家中国国有大型企业。其产品线及销售模式与福得公司基本相同。

3. 基本信息

这次会面是珍妮和麦克的第一会面。他们事先已通过电话预约。

4. 你的任务

配合销售人员练习开场白的技巧。

销售人员将在 20 分钟内阐述他有关此次拜访的开场白。具体来说，你需要做以下工作。

（1）对整个角色扮演过程进行监督和指导并填写《观察表》

A. 如果销售代表没有按照开场白的步骤阐述开场白，而客户接受了，你要制止，告诉客户他应该说"没兴趣"。

B. 如果销售代表按照开场白的步骤正确地阐述了开场白，而客户没有接受，你要制止，告诉客户应该接受。

C. 如果客户一次说出了太多的资料或不给销售代表机会，你要帮助他弄明白该怎么做。

D. 如果销售代表或客户向你寻求帮助，你应给予协助。

（2）角色扮演结束后，提供你的反馈

A. 询问销售代表和客户他们自己的感受，请他们做自我总结。

B. 如果必要，围绕以下问题提供你的反馈。

（a）销售代表哪些技巧及话语实例完全符合课程标准。

（b）销售代表忽略了哪些技巧或者步骤？或者，哪些技巧或步骤运用得不正确？

5. 你的权利

A. 只有你可以看双方的资料，但他们不能看你的资料或互相看对方的资料。

B. 你可以中途打断演员的谈话，对其中任何一方进行指导。

C. 任何人均可以设计与案例吻合的细节，不必在与技巧练习无关的细节上浪费时间。

观察记录表

具体步骤	销售代表的行为	客户的反应
说明拜访目的	正确例子： 错误例子：	
阐述拜访利益	正确例子： 错误例子：	
陈述拜访要点	正确例子： 错误例子：	
询问是否接受	正确例子： 错误例子：	
备注要点：		

▶ 讲师工作

（1）事先准备好角色扮演练习说明书，并按照销售人员、客户、观察记录者这三类角色做好整理和分类。

（2）把学员按照 3 人一组进行分组。其中 1 人扮演销售人员，1 人扮演客户，1 人扮演观察记录者。

（3）发放相应的角色说明给各个角色，并简单强调里面的注意事项。

（4）观察者是这次角色扮演的重要角色，一般由资深员工担任，并在整个过程中给予销售人员指导，并有权停止销售人员和客户的错误练习。

▶ 学员角色扮演并发表观点，观察员给予点评

▶ 讲师点评和总结

很多时候，作为一名销售人员，对开场白这种细节并不是很重视，认为这是可有可无的事项，而非关键事项。其实通过练习，我们才知道，一个好的开始是成功的一半。只有充分勤加练习，并依据一定的开场白步骤，我们才能和客户在一开始就建立起良性的关系，为后续的商务沟通打下坚实的基础。

课堂练习让我们找到感觉，并对开场白的步骤有一个比较直观的认识。如果要熟练掌握开场白，并能在未来下意识地运用，还需要大家在课后多加练习。

3. 视频案例教学法

（1）概述

视频案例教学法是指打破过去单纯运用声音、文字进行沟通的方式，而改为采取视频片段及学员之间互动交流来"刺激"学员，使学员在视觉、听觉、触觉上形成多方位的"感受"，从而使之产生"体验"。因为经过调

查发现 70% 以上的学员是属于视觉学员。正如激励大师安东尼 · 罗宾所说的："要激励一个人，使之获得'体验'远比'说教'更来得有效。"

（2）适用范围

视频案例教学法多用于新晋员工的培训，用于介绍企业概况、传授技能等培训内容，也可用于概念性知识的培训。视频案例教学法也适合学员自我学习的情况。它几乎涵盖了任何专业主题，包括企业实务操作规范程序、礼貌礼节行为规范等，可满足标准化、长距离或学习地点分散的需求。

（3）操作步骤

▶ 准备阶段

根据实际需要自拍教学视频

通过电影、连续剧、综艺节目等剪切需要的教学视频

▶ 实施阶段

视频的导入

视频的观看

视频的讲解

视频的讨论

视频的发表

视频的总结

视频案例教学法举例 1

案例背景：《亮剑》连续剧的某段视频

在战场前线，李云龙和张大彪的一段对话。

119

李云龙：张大彪，师部和野战医院转移了没有？

张大彪：报告团长，已经全部撤离。

李云龙：这回咱们可以放开手脚和鬼子干一场了。去！抓个活的问问，对面的鬼子是哪个部队的？

张大彪：（马上回答）日军第四旅团的坂田联队。

李云龙：坂田联队？怎么听着这么耳熟啊？

张大彪：（马上回答）上次云岭反扫荡。孔捷的独立团就是和这个坂田联队打了场遭遇战。团长孔捷负伤，政委李文英牺牲。你说过它是咱们旅的死对头。

李云龙：好呀，今天是撞上了。算它倒霉，我正琢磨着为我那两位老战友出口恶气呢。它还来了。坂田这个兔崽子，我非碾碎了他不可。

张大彪：团长，他们可是号称鬼子的精锐啊！要不这次咱就……

李云龙：什么鬼子的精锐！我就不信这个邪，我打的就是精锐！传我的命令，全体上刺刀，准备进攻！

张大彪：（满脸疑惑）进攻？团长，现在是敌人在进攻啊！

李云龙：没听见命令吗？听仔细了。啊！到了这个份上咱不会干别的。就会进攻！

张大彪：（刚毅坚决）全体上刺刀，准备进攻！

▶ 讲师提问：1. 请问在这段视频里面，张大彪作为一个下属，有哪些好的表现？

2. 这些好的表现对于我们作为一个称职的下属有何启发意义？

▶ 学员讨论并发表观点

▶ 讲师点评和总结

这段视频时间虽然不长，只有 1 分多钟。但在里面却有好几个点展现了张大彪作为一个优秀的下属所展现的优点。也难怪李云龙到哪都离不开张大彪。李云龙当团长，张大彪就当营长；李云龙当旅长，张大彪就当团长；李云龙当师长，张大彪就当旅长。

首先我看到，李云龙让张大彪去抓个活的问问，对面的鬼子是哪个部队的。这时候张大彪去抓一个俘虏问问是绝对来得及的，因为李云龙也是刚下的命令。可是张大彪却马上就回答是坂田联队的，这说明张大彪已经提前去做了，已经想到领导前面去了。请问如果你是领导的话，碰到这样的下属你会怎么想？你会开心吗？你当然会开心了，因为这样的下属多省心啊，而且做事情都想到你前面去。急你所急，想你所想。所以这是这段视频中张大彪做得好的一点。

再来看看李云龙说坂田联队，怎么听着这么耳熟呢？说明这时候李云龙的大脑在搜索关于坂田联队的信息。而这时候张大彪又几乎是脱口而出，就把坂田联队的各种信息以及和自己部队的交战史等都一一做了说明。请问，他要做到脱口而出，对这些信息做到倒背如流。他是否做过了准备？肯定做了准备的，而且是花了心思的。所以领导非常喜欢这样的下属，自己记不住的信息，自己没把握的信息，都可以问这样的下属，简直就是自己的活字典、智囊。领导会越来越觉得自己离不开这个下属了。做一个下属能做到这样的境界，就很厉害了，领导去哪一般都会带上你的。而领导最不喜欢的下属是对工作不用心的人，凡事不会多去想，不会去琢磨，领导一问起来，什么都是不知道，不清楚。请问这样的下属你还期望下属能够给你更多机会？能够更加关注你？恐怕答案是否定的，你只会越来越远

离领导。

再有一点是在最后的时候。李云龙让张大彪发动进攻。但是张大彪很疑惑，因为现在是鬼子在进攻，而且实力上来说是敌强我弱。但是当李云龙强调要马上发起进攻、别无选择的时候，张大彪就马上开始转变态度，大声自信地发布命令："全体上刺刀，准备进攻！"为什么短短两秒钟的时间，张大彪的神情会有如此大的差别？是不是体现了超强的执行力？如果领导下命令你不去执行，出了事情，请问是谁的责任？那就是你的责任了。如果领导下命令，你去执行了，结果还是出问题了，请问是谁的责任？那就是领导的责任了，因为你已经去执行了。所以执行还是不执行是一个非常大的原则问题，会影响领导对你的个人看法。也许张大彪这个层面并不一定清楚李云龙为什么要做这个决定，因为领导站得高，看得远，得到的信息也比下属多。但是你不知道领导的意图并不影响你去执行领导的决策。所谓"屁股决定脑袋"，领导的位置决定了你要接受他的命令。所以可以看出张大彪是一个非常职业化的下属，即使他在一开始很迷糊，不知道领导下决定的意图，但是当领导强调之后，他就立刻转变态度，坚决执行领导的命令。这些都在给他的职业生涯加分。

所以一个下属能够得到领导的喜爱和信赖，能够一步一步往上提拔和升迁，肯定是有自己的过人之处，只有讲求方法，寻求出路，做更多超出领导期望的事情，你才能在职场收获属于自己的成功。

视频案例教学法举例 2

案例背景：《两个人做调研的不同经历》的视频

旁白说明：小王和小张是好朋友，小时候一起长大，高中毕业后同时受雇于一家超级市场。两人的起点一样。但小张得到老总的赏识，不久就提升了。小王不服，于是向总经理提出辞职，并借机斥责老总没有眼光，仅会提升那些就会阿谀奉承的人，却不提拔辛勤工作的人。总经理知道小王是一个工作很认真、又肯吃苦、适合现在职务的人。为了让小王心服口服。总经理想出了一个办法。

总经理：我现在很忙，你能不能替我去办一件事情。

小王：好吧。

总经理：你马上去市场做一下调研，看看有卖什么东西的？

小王：那行，我现在就去。

40分钟之后，小王从市场调研回来了。

小王：老板，我调研了一下，现在市场上有个老农在卖土豆。

总经理：哦，多少钱1斤？

小王：（抓耳挠腮）啊？这个我没问啊。

总经理：那你去再看一看。

小王：那行。

总经理看着小王离开后，苦笑着摇了摇头。

又一个40分钟过后。小王从市场调研回来了。

小王：老板，土豆是5毛钱1斤。

总经理：那总共有多少斤呢？

小王：（满脸疑惑，再次挠头）啊？那我没……没……问。

总经理：你再去问问啊！

小王：啊，那好吧。（再次起身离开）

总经理看着小王的背影，又摇了摇头。

又一个 40 分钟过后，小王满头大汗地从市场调研回来了。

小王：老板，有 300 斤土豆。

总经理：那他这 300 斤土豆的质量怎么样？

小王：哎，我还没来得及看呢。（小王愧疚地摸了摸头）

总经理：小王，你先休息一下。（总经理拿起电话，拨了个电话）

总经理：喂，小张吗？你马上到市场去看一下。看市场上有卖什么东西的？对，马上就去。

1 个小时不到的时间，小张就回来了。

小张：老板，到目前为止市场上只有一个农民在卖土豆。整整一车，有 20 袋。价格适中，5 毛钱一斤。质量也不错，大概有 300 多斤。

总经理：（露出欣慰的笑脸）好的，我知道了。小张辛苦了，你先回去吧。

小张：好的，老板。哎，老板。这个农民还带了一筐西红柿。西红柿的质量很不错，价格也很公道，不知道我们要不要？

总经理：西红柿啊？

小张：对啊，这个老农自己种了十几亩呢，现在正在找销路。

总经理：那你马上做一下准备，待会我们一起去和那个老农谈一谈。

小张：老板，不用了。今天早上我去库房领料的时候，库管员说，咱们的西红柿不多了。供应商现在还没有找到，您不也正在找吗？

总经理：对，对！

小张：我刚才回来的时候，就把他一块叫来了。现在正在外面等着和您谈呢。

总经理：（喜出望外）是吗？那太好了！你真能干，快叫他进来。

小张：哎，好的。

旁白：小王听了之后，什么都明白了，一声不吭地走开了。

▶ 讲师提问：**1. 为什么小张能得到提拔？他做对了什么？**

                2. 职场中需要什么样品质的人？

▶ **学员讨论并发表观点**

▶ **讲师点评和总结**

有一句英文很流行。叫 Work hard 还是 Work smart？看了这个视频案例，你或许已经找到答案了。Work hard 确实是一种非常好的特点，勤能补拙，通过努力和勤奋也能创造不错的成绩。但是一味的 Work hard 却没有抬头看路，没有想着去变通，去思考，没有去总结成功经验，有时候也会陷入死胡同，会让自己认死理，可能会花费很多的时间去做一件看起来很简单的事情，就像这个视频中的小王一样。如果能够像小张一样，不仅工作勤奋，同时也懂得思考，举一反三，聪明地工作，那可能就会取得更大的成绩。

所以，同样资历的两个人，在进入职场不久后，小张得到了提拔，而小王还只是一个基层员二。小张懂得触类旁通，用带有自身思想的方式去接受领导的安排，所以他能通过一个安排做出很多项衍生的事项，因为他在思考，在成长。而小三只是就事论事，单向地接受领导的安排，领导安排什么就做什么，安排多少就做多少，完全没有自己的想法和主动性，这就导致成长偏慢，缺乏核心竞争力，很容易被人替代。

你是要 1 个有 10 年工作经验的人，还是要 10 个有 1 年工作经验的人？相信很多人都会不假思索地说要 1 个有 10 年工作经验的人。但是很多人却在工作 10 年后发现自己只有 10 个 1 年工作经验的人，除了

年龄、脾气、皱纹增多之外，经验却没有增加太多。因为他们在工作的时候从来没有主动思考，只是被动地混日子，或者一味"辛勤"地工作。

因此希望大家能像小张一样，凡事比领导希望的多想一点、多看一点、多问一点和多干一点。日积月累，你的收获绝对会超过其他没有这么做的同事。

视频案例教学法举例 3

案例背景：《非诚勿扰之连环四问法》的视频

这是非诚勿扰电影中葛优相亲的一个片段。

葛优：第一次见面，你对我印象怎么样？

相亲对象：跟想的差不多，我其实不太关心人的外表。我看中的是人心。善良、孝敬父母的人，就算我没看上你，你也一定能讨到一个好老婆的。

葛优：你还真是外表时尚、内心保守啊。难得！

相亲对象：你父母亲都还健在吗？

葛优：父亲年前去世了。老母亲还在，我怕她身边有事没人，就回来了。

相亲对象：你妈妈多大年纪了？

葛优：70 多了。

相亲对象：你爸爸呢？安葬在哪个地方呢？

葛优：八宝山，骨灰堂存着呢。

相亲对象：你妈妈年纪也大了，你要是孝顺的话，就应该好好的给他们选一块福地。老年人讲究入土为安。

葛优：这你就甭操心了。我亏待不了他们。

相亲对象：我觉得作为一个男人，要有责任心，要有孝心，就算赚的钱不多，只要是你父母亲需要，就在所不惜，这样的男人才可靠，你诚实地告诉我：你是这样的男人吗？

葛优：应该是吧。

相亲对象：可是我觉得你不是。你爸的骨灰，还放在那么小的一个格子里。你妈要是也进去了呢？难道还让他们两个老人家都挤到一个小格子里啊？清明节扫墓，你连个烧纸上香的地方都没有。你说你这叫孝顺吗？

葛优：我给他们买一墓地不就行了吗？不是花不起钱，我走那会儿，只有烈士才有墓地呢。老百姓都存架子上。这点你放心，你要知道哪有，给我选一处。只要是风景好的，我马上就办。咱俩要是走一块去。我连你的碑都先刻好了，保证不让你在架子上存着。

相亲对象：其实这也是一种投资。（说着从包里掏出一份墓地说明书）你只要出 3 万元，就可以买到一块皇家风水墓地。3 万元，也就是你往返美国的一张机票钱。等过几年，同样的一块墓地就可以卖到 30 万元。到那个时候，你再转手把它一卖就可以赚十倍。

葛优：等会儿。（若有所思）我卖了，我妈我爸埋哪儿啊？

相亲对象：你可以买两块啊！你要是买两块的话，我们公司可以给你打 95 折。

▶ 讲师提问：**1.** 这位销售通过哪些问题把对方引导到产品上来的？

　　　　　2. 这位销售有哪些地方值得你学习？

▶ 学员讨论并发表观点

▶ 讲师点评和总结：

越是优秀的销售，销售的意味反而越淡，通常他们在聊天中就把客户给成交了。这样的销售已经到了很高的境界，所谓无招胜有招。这位女销售员正是一位这样的高手。

通过简短的一段交流，这位销售员就顺理成章地把墓地推荐了出去。我们来分析分析她都是怎么做的？女销售员所说的每一句话其实都在为他后面的推荐做铺垫。一开始她就抛出了自己看中的人是善良和孝敬父母的人，接着就提出了第一个问题：你父母亲都还健在吗？通过这个问题来探求对方的需求，找准后续沟通的方向和节奏。接着问第二个问题：你妈妈多大年纪了？通过了解妈妈的年龄又再次把话题引导到孝顺，要为父母选一块福地，追求入土为安。

第三个问题通过封闭式的方式提问。告诉对方什么样的人才算是一个孝顺的、有责任心的男人，然后反问对方，你是这样的男人吗？

接着否定对方的回答，因为对方没有为父母准备墓地，最后再带出第四个问题，同样是封闭式的：你没为父母准备墓地，让他们以后挤在一起，你觉得你孝顺吗？

葛优毫不犹豫地就说那买一块不就行了吗？只要有好的，我马上就办。于是女销售员就顺势拿出墓地的产品说明书，说明其升值价值，同时淡化其价格。

至始至终都是女销售员在引导葛优进行整个谈话过程。在了解信息的时候，女销售员用开放式的问题；当要给葛优"挖坑"的时候，又转为问封闭式的问题。同时每一步都经过精心设计和安排，没有半句废话。这就是成功的销售者所应具备的特质。

最重要的是，女销售员选择用相亲这种方式找到客户也是一种创新的做法，同时客户的寻找也很有技巧，一般都是中年男性；这样的男性父母年纪偏大，才会可能有墓地的潜在需要。如果他找的是年轻人，即使说得好，但是成交几率也不高，因为暂时用不上。所以，找准客户很重要，所谓选择比努力更重要。

"哇塞，这个内容听了之后太过瘾了。"许静情不自禁地竖起了大拇指。

"是的，能把传统的教学活动做好，把这三种教学法做透，其实学员的收获也是不小的。"王振补充道。

"是的，这样的讲解和练习就让案例、视频这些材料都有了生命，能被不同的老师或者学员群体演绎出不同的观点和思路。这就是心电图的魅力所在吧！"许静说道。

"是的，你说得没错！"王振说，"接下来我再给你讲讲第二类：主动学习的课堂学习活动吧。"

"好嘞，我都等不及了。"许静迫不及待地说道。

"主动学习就是把绝大多数讨论和总结的任务给学员，老师只是示范技能。然后让学员总结出知识点、怎么做、为什么做等内容，最后学员结合自己得出的内容进行练习，并做总结。"王振说道。

"所以，这种方式往往会花费更多的时间。"许静补充道。

"是的，但是效果会比较好，因为整个过程都是学员自己思考的结果。"

"我给你举个例子，什么叫主动学习。"王振说完随及递给许静一张A4纸。上面是两个导购话术的案例。

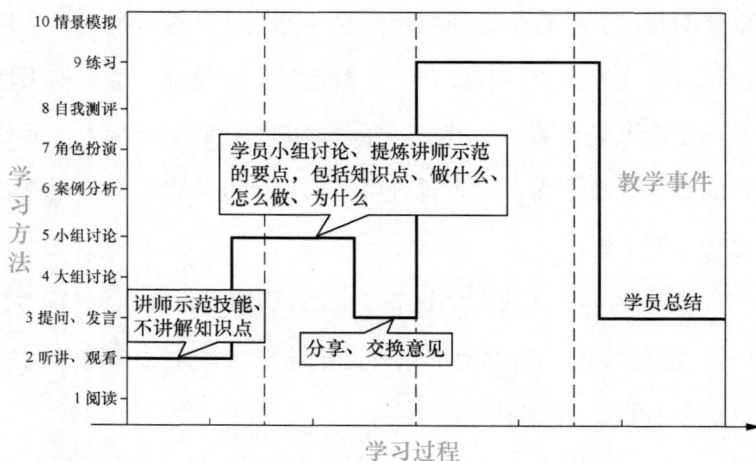

主动学习的课堂学习活动图例

主动学习的课堂案例

背景说明：建筑陶瓷产品作为购买金额高、使用周期长的耐用消费品，顾客在选择产品时往往保持着非常谨慎的心态：他们总是通过各种渠道搜集产品信息、了解市场行情，货比三家，反复甄选后才能够做出购买决定。同时，由于行业的低关注度和产品特征的内敛，普通顾客对于产品缺乏基本的认识和了解，很难判断产品质量的优劣，一般只能通过对于花色和价格的考量做出选择。这就对建陶产品的导购提出了很高的要求。

对话1：

导购：老板，来选砖呀？

顾客：嗯，随便看看。你们这砖怎么样？

导购：您放心，咱们这砖是名牌，都是采用的进口原材料，用意大利进口的 7800 吨压砖机压出来的，防滑耐磨，抗折抗弯强度高，质量好得很。咱们这个牌子还是中国驰名商标，产品国家免检呢！

顾客：这款地砖挺漂亮的，多少钱？

导购：您说这款呀，现在搞特价，98 块一片，一平方米合 153 元多。

顾客：啊，怎么这么贵，隔壁没搞特价才 78 元一片，才合 121 元多一平方米，你这个比人家贵这么多，还搞特价呢！

导购：老板，我们这是名牌货，质量好呀。一分钱一分货！

顾客：那我再转转，再看看吧。

顾客走掉了，而且也没有再来看看。

对话 2：

一位衣冠楚楚的年轻顾客气宇轩昂地走进专卖店，小魏迎上前去。

小魏：老板，来选砖呀？

顾客：嗯，随便转转。

小魏：一看您这身名牌，就知道是有钱人。您在哪里置办豪宅呀？

顾客：哪里哪里，你真爱说笑，我们这种穷人哪买得起豪宅，就在二环边上买了个小房子，嘉仑台二期。

小魏：嘉仑台呀，您还说没钱，那边起价就 8000 多元，能住那里的可都是"白骨精"呀！

顾客：什么"白骨精"？

小魏：白领、骨干加精英呀。

顾客：哈哈，你真会说话。什么"白骨精"，都是让资本家剥削的可怜人呀！

小魏：您在嘉仑台买的房，是朋友或者邻居介绍来我们店的吗？

顾客：不是，我自己溜达过来的，为什么这么问？

小魏：是这样，嘉仑台有好多业主都是用我们的砖，一期四座楼300多户，我们起码谈成了120多户。所以你一说是嘉仑台的，我以为是老顾客介绍来的。

顾客：哦，是吗？我怎么不知道我们小区有这么多人用你们的砖。

小魏：您还不信，等一下，我去给你拿销售纪录。

片刻之后，小魏拿着一个册子走了过来。

小魏：你看，不但是嘉仑台，就连心海假日、帝景豪庭……这些楼盘都有很多客户用我们的砖。

顾客：好像是有不少，现在买你的砖有什么说法吗？

小魏：嘉仑台的业主大多数都是在外资公司上班的白领，我们针对这些客户推出了两款推荐产品，购买这两款产品的话有现在能够享受特价优惠和超值服务。你来看一下，就是这两款产品。

顾客：确实不错，特别是这款绿的，看上去清新淡雅、很有档次的样子。

小魏：您真是有眼光，这款"清溪流泉"在嘉仑台卖得最好，我们的客户百分之八十都是选用的这款产品。像您这样的精英，一看就是单位里的骨干，工作压力肯定特别大，每天要很晚才回家。回家一开灯，地砖淡雅的色泽在灯光的映照之下，就好像是绿色的小溪在流动一样，多么提神解乏呀。你肯定知道，绿色是所有颜色当中，最能够让人放松心情的颜色。

顾客：花色是不错，多少钱一片。

小魏：这款砖是我们针对高档社区推出的顶级产品，原价168元一片，你是嘉仑台的业主，可以享受团购价八八折，148元，也就是个中档偏上的价格。

顾客：哇，这么贵。隔壁看上去花色差不多的砖标价才98元而已，侃侃价估计还能便宜点儿，你打完折还要比人家贵一半，这个价钱也太离谱了吧。

小魏：你看，这是一支油性笔，你在这片砖上随便写几个字。

顾客按照小魏的要求在砖上写了几个字，小魏拿起一块抹布又轻轻的将字迹擦去。

小魏：为什么说我们这款砖是针对高档社区专门推出的呢？就是因为它拥有顶级的防污能力。我们这个砖从配方到选料，从研磨到烧成，全都采用从意大利和西班牙进口的机器设备和高档原料，最后再应用纳米技术对这片砖进行防污处理。你想想，当你不小心把茶、油、墨水、葡萄酒这些东西不小心洒在地上的时候，只要用墩布一擦，就还你一个干净的地面。既不用您每个月固定请家政公司打扫，又不用在家里准备一大堆酸性、碱性的清洁剂，蹲在地上擦半天，又省钱又省时间，多合算呀。

顾客：人家隔壁店里的砖也能擦掉呀！

小魏：我知道，不仅仅是隔壁，现在很多牌子的砖都做这种防污演示。但是请您注意，能够擦掉水性笔留下的痕迹是抛光砖基本的防污能力，我们这里用的是油性笔，油墨的附着和渗透能力远远胜过水墨，只有能够擦掉油性笔痕迹的砖才是真正防污的好砖。我把这支笔和这块抹布都借给你，省得你以为笔和抹布上作了手脚，现在你去其他店里照我们刚才的样子做一遍，看看是不是还能擦掉。

顾客：好，我不去别的店里试了。就算我信你说的，你们的砖防污能力好，可是也贵不了这么多呀！这样吧，每一片我多出十块钱，108元一片。

你要是觉得能给，我就交定金。不行的话，我就再去别家。

小魏：是这样的，老板。我们这个 148 元是含着很多服务在里面的。别的店送货是送到楼下，我们是送货上门。您知道的，请搬运工的话，一箱砖上一层楼要两块钱，您住几楼？七楼。一箱 3 片砖，这样的话每一片砖要摊 4 元。而且我们这款产品是送铺贴的，一片 800×800 规格的砖铺贴费 8 元，技术好一点的师傅 9 元，加上水泥沙，至少 14 元，我们都是合作了很多年的老师傅，技术很好，铺贴完之后还无条件把多余的砖和水泥沙退回来。这些服务的成本就在 20 元左右，把这些扣掉我们的砖也就差不多 128 元。选我们的砖，您只要到时候等着工程验收就行了；您要是买别的品牌，还要自己去市场里买水泥和沙子，自己请师傅，还要时刻盯着怕他偷工减料铺不好，铺完以后多出来的砖、水泥和沙子还要自己处理，算算这些成本和时间精力，我们的产品价格并不贵。

小魏员说完之后，把手插进裤兜，好像在什么东西上按了一下。（呼叫支援）

顾客：你说的是很有道理，但是就是这样，你们的砖也仍然要比别的品牌贵上 20、30 元……

这个时候，店里的另外一个导购小刘急匆匆地跑过来，对着小魏说："魏姐，昨天买'清溪流泉'的业主打电话来了，你昨天跟人家说的是 158 元。票上没写，现在送货的小李非要按 168 元收钱，你赶紧给小李打个电话说一下，人家业主生气了。"

小魏：好的。老板，您稍等一下，我马上就过来。

小魏走开后，顾客好像很无意地问小刘：你们这款砖卖得好像不错呀？

小刘回答：是呀，这款砖质量好，又是现在最流行的花色，卖得很快。除了市里几个高档小区的团购以外，平常对散客一分钱都不打折的，昨天这个是我们会计的朋友，请示了经理，才给便宜了 10 块钱。

两人正在聊着，小魏走了回来：这样吧，老板。看您是诚心想要，我这边还有点事，咱们干脆点。我填个特价申请单，就说您是嘉仑台二期的业主，同意作样板间，要求享受优惠。我填个 128 元，不过估计批不了，一期的样板间批的是 138 元，二期估计只能比这个高不会比这个低，我尽量努力吧。

顾客：好的，你给多说说好话，争取批的低一点。七楼是楼中楼，面积大用的砖多，装出来效果好。

小魏：好的，请您稍等。

小魏当着顾客认认真真地填完特价申请单之后，表情凝重地走进了办公室。过了十多分钟，正在顾客等的心急的时候，小魏挥舞着申请单，兴冲冲地跑出来。

小魏：老板，这次你要请我吃饭。我好说歹说，经理居然批了个 136 元，比一期的那个样板房还便宜。估计他是忘了，你赶紧去交定金开单，把事情定死。

顾客拿过申请单，上面龙飞凤舞的写着："充分利用样板间，加快对嘉仑台二期的小区推广进度，同意 136 元。刘。"

顾客：好的，那真是太感谢你了，我现在就去交定金。谢谢你了。

等许静看完这份资料后，王振说："我会在课堂上找一位学员上台和我一起把这 2 个话术现场演一遍。等我演绎完之后，我就直接让学员以小组为单位讨论第二个案例中小魏成功的关键点有哪些？有哪些关键步

骤？有哪些相关的销售知识点？为什么要这么说？以及当你碰到这个问题的时候你会怎么做？当他们讨论好之后，就让他们派代表轮流去各组分享，把自己组的想法带出去，同时把别的组的想法带回来。"王振喝了口水，"当他们出去分享完回来，再给他们一些时间结合刚刚听到的思路和想法，再做一个小组讨论，完善和修改本组的思路和想法。同时老师会给出一个相似的练习场景，让学员在小组内，组成两人小组，依照本组探讨的方法、结论和步骤进行现场的话术演练，练习完之后互相给予点评，找出优点及待改善的部分。练习完之后，学员会对新方法、新技能和新知识点有更加直观的看法，这时候，再组织学员进行小组的总结提炼。"王振说道。

"所以老师只负责导入场景，其他的知识点、步骤、方法等都要靠学员自己去发现。我发现这样的课堂其实对学员的能力要求也是挺高的。学员一定是有一些岗位经验的，不是零基础的，只有具备专业基础，才能从个案中总结出方法、步骤和话术，用来指导未来场景的使用。而如果针对初学者，这种方式可能不适合，传统的教学活动可能更适合他们。"

"你说的没错，这种学习活动更适合于有一定专业基础的学员去做一些探索，通过探索寻找到一些工作的新思路和新方法。这样对于他们的成长反而会更好。因为扫盲过后，未来的成长是否稳健和快速，很多时候还是取决于学员自身的思考，举一反三，以及通过个案总结共性规律的能力。"王振认可许静的说法。

第三类方法：基于问题解决的课堂学习活动

"最后，我们简要地来说说基于问题解决的课堂学习活动。这种方式要来解决病构问题，所谓病构问题就是组织以前对解决这个问题没有什么成功经验，尚无统一成形的方法和规律的。所以第三类问题的课程时间普遍较长，而且还涉及课后的实践。"王振说道。

"看起来这个难度是最大的？"许静问道。

"差不多可以这么理解吧。基于问题解决的课堂学习活动可以帮助解决真实存在的问题，达到绩效改进的目的。"王振在白板上写下了绩效改进这几个字，"举个例子，假如我们集团想提升客户满意度。于是我们就把相关学员召集在课堂，让他们分组进行讨论，用世界咖啡、群策群力、头脑风暴、思维导图、鱼骨图等方法讨论出具体的提升客户满意度的策略、方法和计划，并落实责任人及事项的完成时间。大家讨论好之后，就开始回到工作岗位执行自己所领到的计划和方法。一段时间之后，大家再聚首。回顾这段时间计划的落实情况，谈谈做得好的心得经验并分享，对于阻力和挑战大家互相帮助，找到解决阻力的办法。大家带着新思路和新方法再次回到工作岗位，继续实施提升客户满意度的计划。如此几个回合，可以有效帮助企业提升客户满意度。最后大家带着各自的成功经验回到课堂再次进行总结。为整个项目画上一个完美的句号。"王振以简单的方式给许静举了个例子。

"这种方式对于问题的解决还是卓有成效的，就是时间偏长，同时对参与项目的学员的能力和自觉性要求也不低。"许静说道。

"是的，很多外资企业都用这种方法改善和解决企业现实存在的问题，还是非常有效果的，最著名的一家就是通用电气了。"王振说道。

"今天你给我讲了三类方法，帮我开了眼界了。我回去还得再消化消化。"许静明显感觉信息量过大，需要回去重新消化。

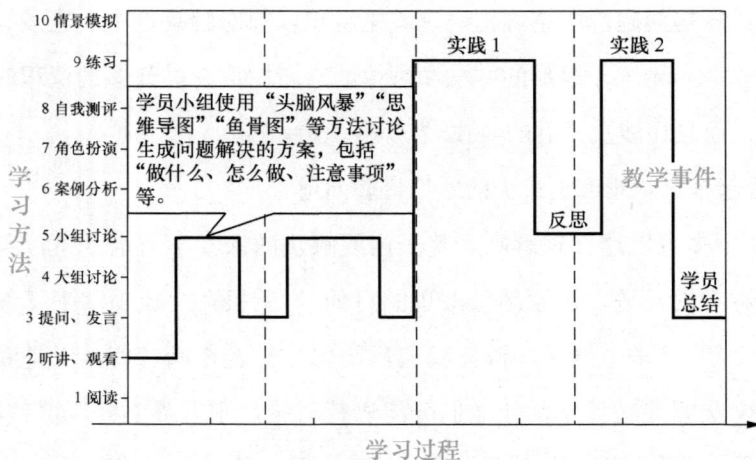

基于问题解决的课堂学习活动图例

第七讲

内训师的观察、
聆听反馈技巧

<blockquote>
今天我们要来谈谈内训师如何提高对学员的敏感度。作为一名内训师，一定要懂得'察言观色'。要随时懂得依照学员的现场反应给予相应的教学内容和教学形式，这样的课程才算是优秀的。而不是不管学员的死活，只顾把自己的内容讲完。"王振说道。
</blockquote>

"比如，你在下午上课的时候，看到下面的学员几乎都快昏昏欲睡了。请问这时候你该怎么办？你是继续按照原来的内容催眠学员？还是应该换点别的内容？"王振问许静。

"如果是这种情况的话，老师应该停止当下的授课内容，而是要转换授课形式，给学员做做游戏，讲讲故事，做个讨论什么的。把学员的右脑调动起来，让学员先'活'过来，只有学员'活'过来了，他们才有可能听进去我们的课程内容。"许静回答道。

"是的，要记住随时观察学员的细微变化，并能通过这些细微变化来调整课程的展开形式。观察一般有三个步骤。"王振边说边在白板上写下了三个步骤。

1. 形体观察：观察学员的面部表情、头部、坐姿等。

2. 行为观察：学员在课堂内是认真听讲，还是玩手机，还是睡觉，还是交头接耳，等等。

3. 感受判断：依据以上两步的观察做出是否对课程内容和形式进行调整的决定。

"你觉得如果一个人对老师课程内容感兴趣的话，会有什么样的行为表现？"王振问许静。

"感兴趣的话，一般会身体往前倾吧，会微笑地看着老师，同时会积极举手发言，会点头认可老师的内容，或者也会手托着下巴注视着老师，要么就是嘴角网上翘，眼睛睁得大大的。我就想到这么多。"许静一口气给出了很多答案。

"你的回答还是很有价值的。那你觉得如果学员对老师的内容不感兴趣又会有怎么样的表现呢？"王振继续问道。

"不感兴趣？不感兴趣的时候学员可能就会两眼无神、打哈欠，或者直接就睡着了；双腿不断换姿势，坐不住，经常看手表，看手机，或者翻阅书籍和杂志；或者头向下，双手撑着头，等等。这些行为表现应该就是学员不感兴趣或无聊的表现吧。"许静回答道。

"嗯，不错，说明你还是做过一些功课的。在我们知道学员的一些细微表现所代表的含义后，我们就应该根据学员的行为表现来调整我们的授课形式和内容。"王振补充道。

"如果学员表现的行为是感兴趣或理解的，请问你要怎么做？"王振继续问许静。

"如果学员喜欢我的课，那我就继续保持这样的风格，继续用心使学员一直处在这个阶段。"许静回答道。

"如果学员不喜欢你的课程，或者对有些感到不理解或抵制的时候，你又该怎么做呢？"王振继续问道。

"学员如果对我的课程不感兴趣。那我就得加大和学员的互动，用更多的形式把学员的积极性调动起来，让他们融入我的课堂。我也可以试着加快授课的节奏。"许静顿了一下。

"如果学员对我的课程有不理解的地方或者抵制的地方，那我就要把学员不明白的地方做一些自问自答的解释和说明；或者换另外一种浅显易懂的方式进行讲解，如举例子、打比方什么的；还可以在课后找学员再给他们解释一下，交换彼此的看法。"许静回答得很流利。

"你能想得这么周到，说明上课时你的学员也会得到这些关照。"王振对许静竖了个大拇指。

"接下来再和你分享一下内训师的一项技能，那就是聆听反馈技巧。"王振趁热打铁，"很多新老师，不太会去关注学员的发言和行为反应，并不是说他不关注学员，而是因为新老师普遍缺乏登台授课经验，能够在台上把内容完整讲完已实属不易，更何况要去用心聆听学员说话并给予适当的反馈和意见了。"

"但是如果老师能够在课堂上用心聆听学员说话，并给予适当的反馈和意见，确实会让学员感受到尊重和被重视的感觉。"许静补充道，"既然聆听反馈能够使学员感受到尊重，那该怎么来实现有效聆听呢？"

"有效聆听主要分为三个步骤。"王振起立来到白板前把三个步骤写了下来。

1. 集中注意力

2. 理解其含义

3. 重述并回答

"首先要做到集中注意力，这是最关键的，你要把注意力关注在前面和你沟通的这位学员身上。即使学员提出的意见与你的观点截然不同，也不能因此而受到内心所谓正确答案的干扰，或者不会因为周边其他同学的干扰而影响你的专注。所以这时候老师要做到'我的眼里只有你，你是我的唯一。'"王振笑着喝了口水。

"第二步就是你要有同理心，了解学员阐述这个问题、提出这个意见的感受是怎么样的？同时当你不能理解他的含义时，还要向学员提问或澄清，以确保你理解的和学员所说的是同一个意思，如果南辕北辙，不仅浪费时间，同时对学员的课程体验也不是很好。"

"第三步你要用你自己的语言对学员的意见进行重复，比如，可以说：'您的意思是……'或者'我可不可以这么理解……'无论你的复述是否准确，学员都会给予相应的回馈。这就是聆听的三个步骤。你有什么疑问吗？"王振问许静。

"嗯，暂时没有疑问了。"许静回答道。

"好的，接下来我们寻来讲讲反馈的技巧。反馈有4种技巧。"王振起立，边说话，边在白板上写下了4种反馈的技巧。

1. 分析性反馈

2. 补充性反馈

3. 重复性反馈

4. 挑战性反馈

"关于这 4 种反馈技术，我这里有一份资料可以给你看看。"说完，王振递给许静一份 A4 纸，上面罗列了 4 种反馈技巧并举例说明。

4 种反馈技术

反馈技术	解释	举例
分析性反馈	要求学员对自己的观点做再次确认，并对自己的观点加以分析和解释	小张，为什么你会觉得第三步和第四步应该交换位置？可以说说你的理由吗？
补充性反馈	当引导学员讨论时，用补充性反馈的技术可以让学员给出更多的答案，同时老师要保证学员在思考问题时教室的安静	小王，除了你刚刚说的这3个点之外？你还有想到其他的点吗？ 刚刚大家小组的分享很精彩，只是还有几个关键点没找出来，我再给各位5分钟再来做个讨论，看哪一组能把它找出来
重复性反馈	对学员所表达的内容进行总结或复述（提炼关键词）	小张，你刚刚的意思是指要想提升下属能力，管理者的在职辅导是很重要的一项能力，也就是要做好OJT辅导，对吧？
挑战性反馈	对于学员的观点提出不同的质疑和挑战，这个难度较大，同时需要老师和学员之间有一定的信任度，否则双方会容易产生对抗	小王，你刚刚提到下属离职比较频繁，刚学点东西就走了，所以就不用花心思去辅导他们了，反正都是帮竞争对手培养人才。那你有没有想过，如果你什么都不教给下属，那他们的离职速度是不是会更快？

"除了这 4 种反馈技术之外，我们还有一种特殊的反馈形式叫深度点评。"王振说道。

"点评？是指老师点评学员的那种方式吗？"许静反问道。

"是的。点评也是一个技术活，点评到位、客观，才会让学员心服口服，欣然接受老师的观点和建议；反之则会让学员觉得老师在挑自己的刺，所以他也不会认真去聆听老师的点评。"王振说道。

"关于点评有这样几个步骤。"王振在白板上画了一个表格。

深度点评的 5 个步骤	
五个步骤	**相应话术**
总体印象	总地来说……
闪光优点	做得好的地方有……
薄弱缺点	有提升空间的地方是……
指导示范	如果这样做就会更好一些……
小结鼓励	总地来说还是不错的，希望再接再厉

"比如，你作为学员上台做了一个开场白的练习。我就用这 5 个步骤给你做一个点评。总地来说，你刚刚的开场白还是挺不错的，能在这么短的时间内设计出一个结构完整、内容较丰满的开场白实属不易。你问的 3 个问题都是封闭式的问题，同时你在学员回答问题之后，都会给学员一些鼓励和赞美，这些都是做得很不错的。如果你在讲课的时候手势能再打开一点，不要收得那么紧，那么你的舞台魅力将能征服更多的学员。来，你可以和我一起做一下这个手势：让我们请看大屏幕，一起来思考以下 3 个问题。（右手掌心向上，五指并拢，指向大屏幕。）对的，你看这样你的肢体打开之后，人就更美了。总地来说，你的这次开场白还是非常成功的，给人耳目一新的感觉，希望你继续努力，在其他授课环节也同样有优秀的表现。"王振现场给许静举了个例子。

"感觉点评的 5 个步骤是一气呵成的，我一开始以为 5 个步骤会分得很明显，结果你刚刚给我举了个例子之后，我发现其实好的点评，学员是感受不到 5 个步骤的，因为老师已经内化了。但是因为是遵循 5 个步骤去

做的，所以学员的感受还是非常不错的。"许静回答道。

"同时关于这个点评的技术，我还有两个发现。"许静说道。

"哦？说来听听，你有什么发现？"许静的话语显然吸引了王振的注意力。

"第一个发现就是 5 个步骤里面有一个指导示范。这就意味着老师在点评学员的时候，对于学员的薄弱项，老师不仅要说出来，而且还要现场演示一遍，让学员知道这个薄弱项并不是没法克服的，以此增强学员的信心。老师要做指导示范，意味着老师也要会做，同时还要做得好。因为要给学员做示范，做得不好那就是误人子弟，这样的老师是要遭学员唾弃的。"许静一口气把第一个发现讲了出来。

王振笑了笑，给许静竖了个大拇指，示意她继续往下说。

"第二个发现就是其实老师也是可以说出学员身上的缺点和不足的，关键是你要有技巧和方法。如果你的技巧和方法能够让学员接受，那你就能较成功地帮助学员找到盲点，提升自我。而且这种技巧其实很像我之前看到的一种反馈方式，叫'三明治批评法'。这个方法也是强调管理者或者领导在指出下属的不足前，先给予对方肯定和赞美，然后再说出具体的批评和不足，最后还要给予鼓励和安抚。所以一个好的反馈方式思路都是比较类似的，都是以基于对学员的尊重，基于对学员感受的重视。"许静流畅地说出了自己的观点。

"不错啊！没想到你研究得还挺深入，而且还能举一反三！"王振对许静的求知精神非常认可，同时也很佩服她这种追求自我成长的精神。

"那都是老师您教得好啊！"许静很世故地说道。

第八讲

内训师提问、应答
与控场技巧

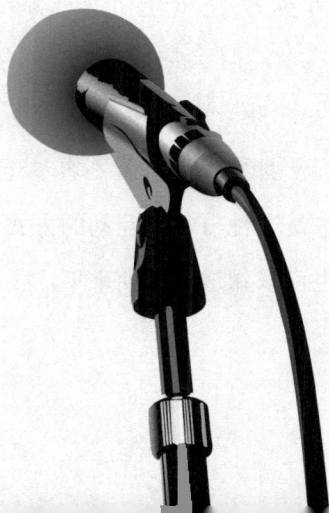

" 上次课程我们分享了聆听与反馈的技巧。这次我们来讲一讲内训师提问、应答和控场的相关技巧。"王振开门见山提出了本次学习的课题。

"好啊，这正是我所需要的。"许静回答道。

"那你觉得老师在课程中提问学员这件事情重要吗？"王振问道。

"重要啊！"许静不假思索地回答。

"为什么你会觉得老师提问学员重要呢？"王振继续追问。

"这个嘛？"许静陷入了沉思，"因为让学员回答问题，学员就会积极思考，一旦积极思考就不容易走神，就容易专注于当下的课程内容。同时提问也是一种与学员互动的方式，让学员参与课程。老师提问让学员回答，老师也可以知道学员的水平，或者知道学员对老师所讲述课程的理解程度，可以根据学员的回答来判断课程是否要往下进行、是否要调整课程难度。"许静回答道。

"既然课程提问那么重要，那以后你会在课程中使用提问这种授课技巧吗？"王振继续问道。

"那当然会用了。"许静回答道。

"嗯。你有没有发现我刚刚在和你沟通的时候，已经运用了几种老师提问的方式了。"王振解释道。

"难怪你在一直问我问题，不过你的问题确实让我在思考，同时也得到了答案。你能告诉我你都用了哪些提问的方法吗？"许静虚心求教。

"提问的方法总共有5种，我给你说一下。"王振来到白板边把5种提问方式写了下来。

1. 特定式提问

2. 整体式提问

3. 开放式提问

4. 封闭式提问

5. 引导式提问

"特定式提问就是向1个人提问的方式，比如，我刚刚问你的，就是特定式的提问。整体式提问就是面对小组或是班级的学员提问，是对一个群体提问的。请问我刚刚问你问题的时候，有没有让你难堪？感觉有个问题根本回答不出来？"王振问许静。

"难堪、回答不出来倒是没有的，只是你问了一个问题让我要想一想而已，但我还是能自圆其说的。"许静回答道。

"对，你说到点子上了。就是老师如果问一个人问题的话，切勿问那种有标准答案的问题，或者答案是唯一的问题，因为这会导致学员如果不知道答案的话，站起来之后没法回答问题，杵在那边，就很尴尬。所以你要问单个学员那种开放式的问题，那种没有标准答案的问题。这样学员站起来都能说两句，都能自圆其说，就不会难堪、没面子了。那如果你面对一个群体发问呢？你是可以问那种有标准答案的问题，或者答案是唯一的问题，因为即使有学员不知道答案，他也不会难堪、没面子，因为可以在里面浑水摸鱼。"王振说道。

"啊呀，要做好一名老师真的是要关注细节啊。你看就一个提问都有那么多学问呢。"许静恍然大悟，"难怪我以前让学员回答问题的时候他们都杵在那边，原来是我的问题和人没有匹配好，这下算是学到了。"

王振接着往下讲："接着就是开放式提问和封闭式提问。开放式提问是为了更多地收集信息，了解学员对问题的理解等。比如，我刚刚问你的问题：'为什么你会觉得老师提问学员是重要的呢？'这个就是开放式的提问。封闭式的提问刚好相反，只是为了让学员做选择或判断，或者引导其方向来使用的。比如，我问你：'那你觉得老师在课程中提问学员这件事情重要吗？'这个就是封闭式的提问方式。把这两种提问方式交叉使用，就可以充分了解学员的信息和状况。最后一个是引导式的提问，顾名思义就是有点诱导的意思，让学员跟着老师的思路走。比如，我问：'既然课程的提问那么重要，那以后你会在课程中使用提问这种授课技巧吗？'这就有点引导的意思。这就是 5 种提问的方式，还是挺好用的。"

许静点了点头。

"接着我们再来讲一讲回答的技巧。在课程中内训师也会经常被学员提问。请问在课程中学员为什么会提问？"王振问许静。

"在课堂中学员提问，有可能是学员没有理解老师讲的内容，所以要提问以求老师的解答；要么就是有些学员想通过提问来凸显自己，让别的学员认为自己是很厉害的；还有的学员可能是通过提问来挑战老师，故意让老师回答不了，让老师难堪。"许静回答道。

"是的，老师站在台上会碰到来自学员多方面的挑战，那应该如何来进行问题的回答呢？我给你几个思路。第一个是亲自回答。请问在什么情况下，老师可以亲自回答问题？"王振问许静。

"老师要亲自回答问题，说明这个问题老师应该是有把握回答的，还有可能就是这个问题是非常重要的，一定要由老师亲自回答才可以，老师借这个问题还要再着重强调一些内容点。"许静回答道。

"还有就是学员想从老师的回答中学习新知识、新方法。"王振补充道。

"第二个应答的思路是请学员回答。请问在什么情况下可以请学员回答？"王振继续问许静。

"要么就是学员中有高手，对这个问题的认识与理解比老师还深，这时候可以请他回答一下。或者就是有的学员已经显示出非常好的积极性想来回答这个问题，那就成人之美，让那位同学回答一下。"许静回答道。

"还有就是老师刻意让学员来回答问题，是让学员参与到课程中来的一种手段。"王振说道。

"第三种方式是稍后再做回答。请问什么情况下要延迟做回答？"王

振继续发问。

"要么就是内训师自己也不知道答案，所以要稍后再做回答，以求赢得时间去查资料、找答案。还有就是这个问题的答案可能已经超出了这次培训的范围了。老师感觉没有回答这个问题的必要。或者是这个问题的答案非常复杂，需要查找和准备相关资料和信息才能给予答复，所以老师一时半会也给不出答案，需要延迟回答。"许静一下子给出了 3个理由。

"你说得很好。老师要做延迟回答，还有可能是因为这个问题的答案在后面的课程内容中会提到，所以老师就做延迟式回答。还有一些情况是这个问题是无解的，这也没办法回答，但是这种情况不是很多见。"王振补充道。

"我们再来回顾一下，回答问题的方式有 3 种：亲自回答，请学员回答，稍后做回答。"王振做了一个小总结。

内训师课堂控场技巧

"接着我们再来讲一讲内训师的课堂控场技巧。在培训过程中，经常会出现一些预料之外的情况，而这正是考验一个内训师的最佳时机。因为每一次授课都是"现场直播"，如果老师能够妥善处理，就会给课程加分；反之，则会影响学员的课程参与，甚至影响整体培训效果。很多时候，面对突发状况，面对特殊情况的处理是否妥当，也是我们判断一个老师是否是资深内训师的一个标准。我这边罗列了一些内训师控场的典型场景，你可以看一下。"王振说完，递给许静一份纸质文档。

内训师课堂控场技巧

典型场景	应对策略
讲错	内训师不是讲课的机器，难免在课堂上会有讲错的时候。讲错的时候内训师千万不要着急，要保持冷静。讲错了有两种解决的办法 • 因为学员不清楚老师接下来要讲什么内容，所以老师是否讲错学员也无从知道。很多时候老师的讲错无非就是本来应该讲123这个顺序的，却讲成了132这个顺序。如果是这个错误则无关紧要，老师甚至都不需要告诉学员这里讲错了，只要在后面把错误弥补回来，自圆其说就可以了 • 还有一种情况是这个错误是很严重的、是致命性的。这种情况下，老师如果讲错的话是要及时更正的，要勇于承认自己的错误，因为一旦犯错学员的损失是很大的。比如，某厂引进一台新机器。内训师在培训学员操作使用这台机器。机器上有一个红色的按钮，按下之后会让机器加速运转，但是老师却说成了是停止按钮。这种情况下，学员如果按照停止按钮去操作，很容易会出事故。所以对于重大性的、原则性的错误要及时承认并更正
遗忘内容	老师需要准备的课程信息量是很大的，所以很多时候在课堂上会突然短路，记不起一些内容。这时千万不要着急，更不要露怯。因为很多时候，只要你沉着冷静，学员也是不易发现的 • 记不起后面要讲的内容，可以给学员布置一个讨论的环节，然后趁这几分钟赶紧去翻看自己的笔记，回忆待会儿要讲的内容 • 先讲后面的内容，讲着讲着可能就回忆起前面的内容 • 有些内容，如果学员也知情的话，可以让学员帮你说出
学员走神	学员走神可能说明老师的课堂没有吸引他们，所以老师要运用一些方法使学员的注意力能够重回课堂 • 如果老师看到大面积的学员都走神了，老师可能需要调整授课的内容，马上插入一些互动、讨论或游戏，给学员一些不一样的刺激 • 老师也可以请每组的小组长作为你的内应，帮助你去管理每个小组，看到学员走神，可以请小组长帮你去促使学员的注意力回到课堂
学员交头接耳	有的学员会以为老师讲的内容自己都清楚了，自己懂的东西比老师多。所以经常是上面老师讲课，下面在开小会。这样的事情发生也是会影响老师授课的

（续表）

典型场景	应对策略
学员交头接耳	• 当老师发现下面的学员在开小会、交头接耳的时候，很多老师会选择更大的音量，企图盖过下面学员的声音，但这很多时候是徒劳的。因为你的声音大，下面的声音会更大。这时候很简单，老师只要沉默地看着大家，不到10秒钟，整个教室都安静了。因为教室突然安静下来，学员的压力比老师的压力大多了 • 如果经常是那一拨人在交头接耳，老师可以试着在课程中场休息的时候，去了解他们交头接耳的原因，展现理解，并希望他们也能遵守课堂纪律 • 老师也可以边讲课，边慢慢走到讲话的学员的边上，站一会，再来回走动，也可以很好地控制学员的交头接耳
学员睡觉	学员睡觉可能因为前天晚上比较晚睡，缺少睡眠，或者就是老师的课程太枯燥，把学员给催眠了 • 老师可以组织游戏、活动，如鼓掌、相互握手等，这时候能把睡觉的学员吵醒 • 老师也可以走到睡觉学员的边上讲课，这时候一般边上的学员都会把这位学员喊醒 • 老师也可以让组长帮助管理本组，把睡觉的学员喊醒 • 老师可以突然增大讲课的音量，把睡觉的学员振醒
发言没完没了	有的时候某些学员对这个问题特别有感触，有研究，有发言权，于是会拿着麦克风喋喋不休，旁征博引，发言没完没了。其他同学已经明显感觉厌倦了，他还讲得不亦乐乎 • 老师可以做时间的提醒。比如，说："××同学，你的发言很精彩，只是课堂时间有限，再给你30秒钟时间，简单收个尾，好吗？" • 可以发动群众的力量。一看这个学员开始滔滔不绝了，就问全班同学："这位同学答得好吗？大家说好。好，我们给他掌声鼓励一下。来，下一位同学谁要回答一下？"这时候就去找下一位学员回答问题了 • 如果发现这个班上专家特别多，建议不要轻易交出麦克风，交出去容易收回来难，谁有麦克风，谁就有发言权

（续表）

典型场景	应对策略
课堂局面混乱	课堂闹哄哄的，没有按照老师既定的程序走。这有可能是老师的原因，也有可能是学员的原因 ● 老师在课程设计的时候，就要对课程的大体走势心里有数，大概会遇到什么挑战和困难也要心知肚明，才能减少课程中的混乱 ● 有时候小组讨论的时候，各种不同性格的学员之间也会产生分歧和对抗。比如，两个学员都很强势，都想在小组内起主导作用，就会导致课堂局面混乱，所以老师在学员分组的时候也要注意这个问题 ● 有的时候老师也会和学员产生争论。这其实对老师是不利的，因为学员一般都会一致对外，而且会影响老师的形象
学员抬杠、挑衅	有时候课上一些学员专门挑衅老师，在课堂上蛮不讲理，死缠烂打，非要老师出点洋相不肯罢休。对于这样的学员，老师要 hold 住自己，沉着冷静应对，也能大事化小、小事化了 ● 可以给经常挑衅、抬杠的学员安排一个职务，用大帽子把他框住，他可能就会乖一点了 ● 可以在课间做公关，找学员沟通，了解他对你的不满之处，寻求其谅解，握手言和 ● 请教室内德高望重之人，帮助你去处理这位学员，请他配合课程 ● 挑衅、抬杠的学员无论提什么要求，可问问在场其他学员是否答应；如果大家都向着老师，就可以把这个压力传递给这位学员，他一般会尊重全体学员的意见，不敢公然和全体学员做对（但这样做的前提是你有好的群众基础，大家不会和你唱反调。）
学员比你高明	一位老师没法做到在每个领域都是专家和权威，所以在下面坐的广大学员在某一领域都有可能比你强，比你专业。这时候怎么办？ ● 你把舞台让给高手，让他上来分享对这个问题的看法，他觉得受到了尊重，有了面子。所谓投之以桃报之以李，他也会积极配合你的课程 ● 请高手帮助你去解答其他学员的提问，充分利用他的知识和技能

"除了要应对一些典型场景的控场之外，我们还要结合学员的不同类

型做不同的应对策略。学员分类有两种：一种是按照学员的性格分的，一种是按照学员的风格来划分的。我给你看一份资料。"王振又递给许静一份资料。上面画了两个表格，划分了两种不同学员的类型。

学员类型	表现形式	应对策略
强势型学员	• 想控制一切人和事，不喜欢顺从 • 觉得自己都是对的，喜欢左右他人意见 • 快人快语，直奔主题 • 喜欢接受挑战，行动力强	• 在课程中可以给予一些"领导"的角色 • 引导其参与团队合作，和成员共享观点，而不是一言堂 • 不要对自己的行为和观点过度辩护，勇于承认错误
活跃型学员	• 课上表现活跃，积极参与课程，爱出风头 • 不喜欢一成不变的课程，喜欢课程形式多样化，多一些互动和游戏 • 不愿意听他人说教 • 激情和耐力不持久，兴奋来得快，去得也快，容易走神	• 课堂中要对这样的学员多一些表扬和肯定 • 保持课堂形式的多样化，尽量不要一成不变 • 使他们成为你课程的托，用他们的热情引领别的学员积极参与课程 • 提醒活跃型学员要注意遵守课堂规则，不要因为太兴奋而破坏课堂秩序
思考型学员	• 脸部表情比较严肃和沉重，不苟言笑，一直在思考问题 • 对课程的逻辑性和实用性有很高的要求，非常理性 • 喜欢刨根问底，追求完美和极致，会泼冷水和质疑	• 较敏感，但是不轻易说出内心的感受，要鼓励其说出 • 尝试用"为什么"来反问他，用这种形式来回应他们的问题 • 可以利用他们的专业来帮助解答其他学员提出的问题
配合型学员	• 是最好的聆听者，遵守课堂纪律 • 缺少主见，做事情往往随大流 • 冷静，爱观察，不爱出风头，做事是慢热型的	• 要给予他们恰如其分的温暖和亲近，并让他们感受到 • 用温和的方式期待他们做出改变，忌咄咄逼人，他们会不适应 • 可用委婉的方式邀请他们回答问题，但要注重他们当下的感受

4 类不同性格学员的表现形式和应对策略

四种风格学员的处理策略

风格	听众怎么说	内训师怎么说
听觉型	• 我听到的没错吧 • 听起来挺振奋人心的 • 正是我想听的 • 你传达的信息对我而言是真的 • 给我讲讲这个……	• 运用听觉型比喻 • 用"好像听到、听起来、听起来像真的"这样的词回答 • 关注的是人们说的内容以及听起来如何
视觉型	• 我们的看法完全一致 • 我不确定我明白了你的观点 • 前途一片光明 • 好象我们还有很长的路要走……	• 画一幅画或运用一种形象说明一个观点 • 用"看到、看起来、发现"等词回答 • 运用视觉型比喻 • 在故事中，描述当时环境下你看到的情形
动觉型	• 我觉得我们的谈话有了进展 • 前方的道路似乎崎岖不平 • 他负担沉重 • 让我们着手处理此事 • 我们能解决这个问题吗	• 运用感觉型比喻 • 用感到、感觉、直觉等词作出回答 • 在故事中描绘结构 • 让听众站起来，活动一下身体
数字型	• 让我告诉你为什么我们要谈这个问题 • 我们有三种选择 • 这是有道理的，因为…… • 我们增加10%的投入，会使我们的回报翻倍	• 展示图表 • 给出数字和事实 • 使用量化语言 • 按时间顺序排列、按照顺序和逻辑组织思想

　　发现许静看得差不多了，王振继续说话："其实我们这两次讲的课，关键就是让老师能够更多地关注学员，从学员的角度去思考课程，从学员的角度去设计课程，从学员的角度去展开课程，课程内容都是为学员服

务的。只有学员听懂了，记住了，甚至能做到了，那才说明这个课程是成功的。"

"是的，任何的小细节都不能放过，老师设计课程只有围绕学员做设计，才能让学员在上课的时候跟着老师的思路走，就能减少控场、学员分心这样的事项，才能在课堂上更加游刃有余。"许静附和道。

第九讲
表达的生动和形象化

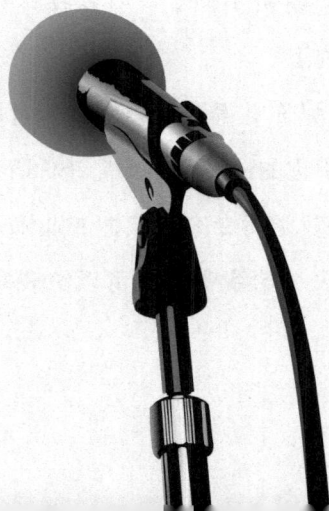

66 很多老师都是企业内部的专家，在自己的专业领域绝对是有特长的。

可是很多时候这样的老师上课，学员却听不懂，或者提不起兴趣。你知道是什么原因吗？"王振问许静。

"我之前听过一些公司的内部专家讲课，经验确实很丰富，但是上课全是专业术语。你说我哪做过他这个岗位的事情啊？他讲的一堆专业术语我当然就听不懂了。所以我就听得很痛苦，就盼着课程能够早点结束。"许静说道。

"那你觉得这样的专家面对像你这种'菜鸟'的时候，应该怎么讲才能吸引你的注意力？才能让你听得懂？"王振追问道。

"我觉得专家应该把专业术语或者一些难懂的理论知识用通俗易懂的方式表述给我听，他可以给我举例子、讲故事、打比方、用数字……都行，这样就能帮我扫盲了。不过我到公司好像也就听过一个专家是这么讲课的，他的内容我就能听懂，而且听课的学员都反映不错。"许静回答道。

"是的，我给你举个例子。"王振打开了一页 PPT，上面画了一个表格，是比尔·盖茨和乔布斯两个人演讲的对比表。

乔布斯和盖茨演讲对比表

	乔布斯在Macworld大会的演讲	盖茨在国际消费电子展的演讲
2007年		
平均每句话单词数	10.5	21.6
专业词汇密度（%）	16.5	21
难懂的词（%）	2.9	5.11
听懂演讲所需的受教育年数	5.5	10.7
2008年		
平均每句话单词数	13.79	18.23
专业词汇密度（%）	15.76	24.52
难懂的词（%）	3.18	5.2
听懂演讲所需的受教育年数	6.79	9.37

"你会看到无论在哪一年，乔布斯使用的语言和术语都比盖茨要简单，所以他的演讲更受人欢迎，传播得也就更远，经典的演讲也就更多了。"王振用激光笔一边指着投影幕布，一边做着解释。

"再给你看一个对比。"王振把 PPT 切换到下一页，也是盖茨和乔布斯的演讲对比。

"从这个表格可以明显看出，乔布斯的演讲通俗易懂，因为他运用了比喻、数字以及很多口语化的表达方式：如不可思议、超酷的、激动人心等，

所以就能让听众一下子就明白他在讲什么。而盖茨的演讲只是简单地陈述事实，堆砌了一堆的专业术语，所以这样的演讲对于非专业人士来说是没有吸引力的。"王振继续做着解释，"从以上两个案例我们可以看出，内训师在授课的时候做生动形象的表达是多么重要！"

乔布斯和盖茨的演讲对比表

乔布斯在2007年Macworld大会上的演讲	盖茨在2007年国际消费电子展上的演讲
你们知道，正是在一年前，我站在这里，宣布我们会转而使用英特尔处理器。这是一次大手术，要移植一颗英特尔处理器的心脏。当时我说我们会在接下来的12个月内完成，结果我们只用了7个月就完成了，这次转变是我见过的、行业历史上最顺利、最成功的转变	处理器正在发挥64位的内存能力，而我们正在完成这次转换，没有不兼容的问题，没有额外花费很多钱。原有的32位软件可以运行，但是如果你需要有更多的空间，它就在那里摆着呢
现在我想告诉大家一些关于iTunes的事情，相当激动人心……我们每天要卖出500万首歌，是不是很不可思议？那就相当于每一天的每一个小时的每一分钟的每一秒售出58首歌	我们今年所经历的过程，有beta2版，有200多万人试用。发布候选版是我们获得反馈的最后机会，有500多万人试用。我们深入开展了许多工作，我们走进使用Windows Vista的家庭中了解情况。我们在7个不同的国家开展了这样的工作。我们进行不可思议的性能模拟，在常见的各种软件混合使用的情况下获得了超过60年的等价性能测试结果
我们的iTunes有超酷的电视节目。事实上，我们有超过350种不同的电视节目，你可以从iTunes上购买。我们非常高兴地告诉大家，我们已经在iTunes上卖出了5000万次电视节目观看。多么不可思议啊	微软Office软件有了新的用户界面，有了一些连接Office Live服务和Share Point的新方法，这一用户界面的创新力度非常大

"确实很重要，不仅仅自己要理解，要懂，还能说出来让别人也能听懂、听明白，那就厉害了！"许静附和道。

"那王经理有什么方法可以让内容呈现得通俗易懂？可以更好地应对

各种层次的学员？"许静追问道。

"有的。"王振说完，再次在 PPT 上给出了 4 种方法。

▶ **从抽象到具体**

▶ **从述说到煽情**

▶ **从直白到比喻**

▶ **从单薄到厚实**

"这 4 种方法的有效使用可以帮助你的课程深入浅出，精彩纷呈。"王振解释道，"我这里有一份资料对这 4 种方法做出了解释，同时也给出了一些例子。你可以看看。"说完王振递给许静一份刚打印出来的资料。

1. 从抽象到具体

把抽象的理论和技巧事例化，用发生在身边随手可触的事情来说理，可以让单薄的理论变得丰满可感，并且具有借鉴性和可操作性。

（1）从抽象到具体的举例：《德西效应》

当一个人进行一项愉快的活动时，给他提供奖励结果反而会减少这项活动对他内在的吸引力。这就是所谓的"德西效应"。这样解释就比较抽象，难以理解，所以我们用一个故事来说明就比较容易理解。

一对老夫妻退休，在某个社区找到了一所称心的大房子。这个房子不仅宽大敞亮，而且门口有块很棒的大草坪。可是搬进去之后，麻烦就来了。因为这块草坪太棒了，所以每天到下午 4 点钟，社区的小朋友就会来这块草坪玩耍，非常吵闹。严重影响了这对老夫妻的生活。老爷爷试了很多办法，都不管用。最后他想到了一个好办法。他就对孩子们说："孩子们，我们年纪大了，非常孤独，所以很高兴你们每天下午到草坪上来玩，给我们带来欢乐，为了表示感谢，你们当中玩得最开心的、叫得最响的孩子我

将给他 10 美元做为奖励。"

孩子们一听高兴坏了。玩得更兴奋、更卖命，其中，叫得最响的孩子果真得到了老爷爷 10 美元的奖励。

一周过去了，老爷爷站出来说话了："孩子们，很高兴你们下午来陪伴我们，但是很遗憾，我的经济最近有点困难，实在拿不出 10 美元做奖励，只能给 5 美元了。"

孩子们一听就有些失落，但想想毕竟还是有钱拿的，于是还是每天都来草坪上玩，只是兴致明显没有以前高了。

又过了一周，老爷爷再次发话了："孩子们，真的很感谢大家的陪伴，只是我现在经济上实在是太窘迫了，再也拿不出钱来做奖励了，你们还是愿意留下来玩的，对吧，孩子们？"

结果呢？孩子们心想：哼，不给钱凭什么要过来陪你们啊，从此以后就再也没有小朋友来草坪上玩耍了，老夫妻也从此过上了安静的生活。

（2）从抽象到具体的举例：《你是胡萝卜、是鸡蛋、还是咖啡豆》

一个女儿对父亲抱怨她的生活，抱怨事事都那么艰难。她不知该如何应付生活，想要自暴自弃了。她已厌倦抗争和奋斗，好像一个问题刚解决，新的问题就又出现了。

她的父亲是位厨师，他把她带进厨房。他先往三只锅里倒入一些水，然后把它们放在旺火上烧。不久锅里的水烧开了。他往一只锅里放些胡萝卜，第二只锅里放入鸡蛋，最后一只锅里放入碾成粉末状的咖啡豆。他将它们倾入开水中煮，一句话也没有说。

女儿咂咂嘴，不耐烦地等待着，纳闷父亲在做什么。大约 20 分钟后，他把火关了，把胡萝卜捞出来放入一个碗内，把鸡蛋捞出来放入另一个碗内，然后又把咖啡舀到一个杯子里。做完这些后，他才转过身问女儿，"亲爱的，你看见什么了？""胡萝卜、鸡蛋、咖啡。"她回答。

他让她靠近些并让她用手摸摸胡萝卜。她摸了摸，注意到他们变软了。父亲又让女儿拿一只鸡蛋并打破它。将壳剥掉后，他看到了是只煮熟的鸡蛋。最后，他让她喝了咖啡。品尝到香浓的咖啡，女儿笑了。她怯生生问到："父亲，这意味着什么？"

他解释说，这三样东西面临同样的逆境——煮沸的开水，但其反应各不相同。胡萝卜入锅之前是强壮的、结实的，毫不示弱，但进入开水之后，它变软了，变弱了。鸡蛋原来是易碎的，它薄薄的外壳保护着它呈液体的内脏。但是经开水一煮，它的内脏变硬了。而粉状咖啡豆则很独特，进入沸水之后，它们倒改变了水。"哪个是你呢？"他问女儿，"当逆境找上门来时，你该如何反应？你是胡萝卜，是鸡蛋，还是咖啡豆？"

2. 从述说到煽情

不要只是讲，要让学员用自己的体验参与进来，用学员可以理解的语言来进行表达，用感性的情绪语言来激发学员的感情共鸣。

（1）从述说到煽情的举例：《你怎么看你自己》

她站在台上，不时无规律地挥舞着她的双手；仰着头，脖子伸得好长好长，与她尖尖的下巴扯成一条直线；她的嘴张着，眼睛眯成一条线，诡谲地看着台下的学生；偶然她口中也会支支吾吾的，不知在说些什么。

基本上她是一个不会说话的人，但是，她的听力很好，只要对方猜中或说出她的意见，她就会乐得大叫一声，伸出右手，用两个指头指着你，或者拍着手，歪歪斜斜地向你走来，送给你一张用她的画制作的明信片。

她就是黄美廉，一位自小就染患脑性麻痹的病人。脑性麻痹夺去了肢

体的平衡感，也夺走了她发声讲话的能力。从小她就活在诸多肢体不便及众多异样的眼光中，她的成长充满了血泪。

然而她没有让这些外在的痛苦击败她内在奋斗的精神，她昂然面对，迎向一切的不可能，终于获得了加州大学艺术博士学位，她用她的手当画笔，以色彩告诉人"寰宇之力与美"，并且灿烂地"活出生命的色彩"。

全场的学生都被她不能控制自如的肢体动作震摄住了。这是一场倾倒生命、与生命相遇的演讲会。

"请问黄博士"，一个学生小声地问："你从小就长成这个样子，请问你怎么看你自己？你都没有怨恨吗？"

许多人心头一紧：这个学生真是太不成熟了，怎么可以当面在大庭广众问这个问题，太刺人了，很担心黄美廉会受不了。

"我怎么看自己？"美廉用粉笔在黑板上重重地写下这几个字。

她写字时用力极猛，有力透纸背的气势，写完这个问题，她停下笔来，歪着头，回头看着发问的同学，然后嫣然一笑，回过头来，在黑板上龙飞凤舞地写了起来：

一、我好可爱！

二、我的腿很长很美！

三、爸爸妈妈这么爱我！

四、上帝这么爱我！

五、我会画画！我会写稿！

六、我有只可爱的猫！

七、……

忽然，教室内鸦雀无声，没有人敢讲话。她回过头来定定地看着大家，再回过头去，在黑板上写下了她的结论：

"我只看我所有的，不看我所没有的。"

掌声由学生群中响起，看看美廉倾斜着身子站在台上，满足的笑容，从她的嘴角荡漾开来，眼睛眯得更小了，有一种永远也不被击败的傲然，写在她脸上。

（2）从述说到煽情的举例：《价值 20 美金的时间》

一位爸爸下班回家很晚了，很累并有点烦，发现他 5 岁的儿子靠在门旁等他。

"爸，我可以问你一个问题吗？"

"当然可以，什么问题？"父亲回答。

"爸，你一小时可以赚多少钱？"

"这与你无关，你为什么问这个问题？"父亲生气地说着。

"我只是想知道，请告诉我，你一小时赚多少钱？"小孩哀求着。

"假如你一定要知道的话，我一小时赚 20 美金。"

"喔！"小孩低着头这样回答，"爸，可以借我 10 美金吗？"

父亲发怒了："如果你问这问题只是要借钱去买毫无意义的玩具或东西的话，给我回到你的房间并上床好好想想为什么你会那么自私。我每天长时间辛苦工作着，没时间和你玩小孩子的游戏！"小孩安静地回自己房间并关上门。

这位父亲坐下来还对小孩的问题生气：他怎么敢只为了钱而问这种问题？

约一小时后，他平静下来了，开始想着他可能对孩子太凶了。

或许他应该用那 10 美金买小孩真正想要的，他不常常要钱用。

父亲走到小孩的房门并打开门。

"你睡了吗，孩子？"他问。

"爸，还没睡，我还醒着。"小孩回答。

"我想过了，我刚刚可能对你太凶了。"父亲说。

"我将今天的闷气都爆发出来了。这是你要的 10 美金。"

小孩笑着坐直了起来，"爸，谢谢你！"小孩叫着。

接着小孩从枕头下拿出一些被弄皱了的钞票。

父亲看到小孩已经有钱了，快要再次发脾气。

这小孩慢慢地算着钱，接着看着他的爸爸。

"为什么你已经有钱了还需要更多？"父亲生气地说。

"因为我之前不够，但我现在足够了。"小孩回答。

"爸，我现在有 20 美金了，我可以向你买一个小时的时间吗？明天请早一点回家，我想和你一起吃晚餐。"

3. 从直白到比喻

给干巴巴的语言加上象征性的比喻，让僵硬的道理变得生动形象，使盲人也能感受得到你的精彩。比喻的时候要抓住特征、贴切形象，并且准确精炼、鲜明生动、新颖独特。

（1）从直白到比喻的举例：中国的《罗密欧与朱丽叶》

1954 年的日内瓦会议是新中国作为五大国之一参加的重要国际会议。参加会议的除了五大国外，还有十几个相关联的国家。中国派出了以周恩来总理为团长的政府代表团。周恩来总理以他令人耳目一新的形象和风格在国际舞台上崭露头角，全世界也通过这次会议第一次认识了这位卓越的政治家和外交家。

参会期间，周总理通知中国政府代表团的新闻官熊向晖在电影招待会上放演《梁山伯与祝英台》。《梁山伯与祝英台》是依据越剧编拍的彩色戏剧片，当时刚刚拍出就带出国了。熊向晖请懂越剧的同志将剧情介绍和主要唱词写成十几页的说明书，并将其翻译成英文发给外国记者。

按照周总理的安排，电影招待会如期举办。放映时租用了旅馆的大餐厅，250个位置座无虚席。放映过程中，全场肃静，演到"哭坟""化蝶"时，还传出啜泣声。影片结束，当灯光亮起时，全场观众还如醉如痴，沉静了一分钟后，突然爆发了雷鸣般的掌声。

中国的《罗密欧与朱丽叶》多么贴切，多么吸引人！这简单的几个字，蕴涵着多么丰富的知识和高超的智慧呀！

（2）从直白到比喻的举例：《时间和爱情的故事》

从前有一个小岛，上面住着快乐、悲哀、知识和爱，还有其他各类情感。

一天，情感他们得知小岛快要下沉了，于是，大家都准备船只，离开小岛。只有爱留了下来，她想要坚持到最后一刻。

过了几天，小岛真的快要下沉了，爱想请人帮忙。

这时，富裕乘着一艘大船经过。

爱说："富裕，你能带我走吗？"

富裕答道："不，我的船上有许多金银财宝，没有你的位置。"

爱看见虚荣在一艘华丽的小船上，说："虚荣，帮帮我吧！"

"我帮不了你，你全身都湿透了，会弄坏了我这漂亮的小船。"

悲哀过来了，爱向他求助："悲哀让我和你一起走吧！"

"哦……爱，我实在太悲哀了，想自己一个人待会儿！"悲哀答道。

快乐走过爱的身边，但是他太快乐了，竟然没有听到爱在叫他！

突然，一个声音传过来："过来！爱，我带你走。"

他好似一个机会。爱大喜过望，竟忘记了问他的名字。登上陆地以后，他独自离开了。

爱对他感激不尽，问一位长者知识："请问，帮我那个人是谁？"

"他是时间。"知识老人答道。

"时间？"爱问道，"为什么他要帮我？"

知识老人笑道："因为只有时间才能理解爱有多么伟大。"

4. 从单薄到厚实

利用排比、类比、对比、数据强化等方法，把彼此对照的概念并置一起，进行讲述，由此及彼，可以让简单的讲说变得多姿多彩，引发启示。

（1）从单薄都厚实的举例（排比）：《有一个梦想》

我梦想有一天，这个国家会站立起来，真正实现其信条的真谛：我们认为这些真理是不言而喻的；"人人生而平等。"

我梦想有一天，在佐治亚的红山上，昔日奴隶的儿子将能够和昔日奴隶主的儿子坐在一起，共叙兄弟情谊。

我梦想有一天，甚至连密西西比州这个正义匿迹、压迫成风、如同沙漠般的地方，也将变成自由和正义的绿洲。

我梦想有一天，我的四个孩子将在一个不是以他们的肤色，而是以他们的品格优劣来评判他们的国度里生活。

我梦想有一天，阿拉巴马州能够有所转变，尽管该州州长现在仍然满口异议，反对联邦法令，但有着一日，那里的黑人男孩和女孩将能够与白人男孩和女孩情同骨肉，携手并进。

我梦想有一天，幽谷上升，高山下降，坎坷曲折之路成坦途，圣光披露，满照人间。

（2）从单薄到厚实的举例（类比）：《手中沙》

一个即将出嫁的女孩，问母亲一个问题："妈妈，婚后我该怎样把握爱情呢？"母亲听了女儿的问话，温情地笑了笑，然后从地上捧起一捧沙。女孩发现那捧沙子在母亲的手里，圆圆满满的，没有一点流失，没有一点撒落。

接着母亲用力将双手握紧，沙子立刻从母亲的指缝间泻落下来。待母亲再把手张开时，原来那捧沙子已所剩无几，其团团圆圆的形状也早已被压得扁扁的，毫无美感可言。女孩望着母亲手中的沙子，领悟地点点头。

（3）从单薄都厚实的举例（类比）：《什么是爱情》

有一天，柏拉图问他的老师什么是爱情，他的老师就叫他先到麦田里，摘一株麦穗，其间只能摘一次，并且只可以向前走，不能回头。柏拉图于是照老师说的话做，结果他两手空空地走出麦田。老师问他为什么摘不到，他说："因为只能摘一次，又不能走回头路，其间即使见到一株又大又金黄的，因为不知前面是否有更好的，所以没有摘；走到前面时，又发觉总不及之前见到的好，原来麦田里最大最金黄的麦穗，早就错过了；于是，我便什么也摘不到。"老师说："这就是爱情！"

之后又有一天，柏拉图问他的老师什么是婚姻，他的老师就叫他先到树林里，砍下一棵全树林里最大、最茂盛、最适合放在家作圣诞树的树，其间同样只能砍一次，同样只可以向前走，不能回头。柏拉图于是照着老师说的话做。这次，他带了一棵普普通通、不是很茂盛、亦不算太差的树回来。老师问他，怎么带这棵普普通通的树回来。他说："有了上一次的

经验，当我走了大半路程还是两手空空时，看到这棵树也不算太差便砍下来，免得错过了后，最后又什么也带不回来。"老师说："这就是婚姻！"

（4）从单薄到厚实的举例（对比）：《松下的一次魔鬼训练》

日本松下公司准备从新招的三名员工中选出一位做市场策划，于是，他们例行上岗前的"魔鬼训练"，予以考核。公司将他们从东京送往广岛，让他们在那里生活 1 天，按最低标准给他们每人 1 天的生活费用 2000 日元，最后看他们谁剩的钱多。

剩是不可能的，一罐乌龙茶的价格是 300 日元，一听可乐的价格是 200 日元，最便宜的旅馆一夜就需要 2000 日元。也就是说，他们手里的钱仅仅够在旅馆里住一夜，要么就别睡觉，要么就别吃饭，除非他们在天黑之前让这些钱生出更多的钱。而且他们必须单独生存，不能联手合作，更不能给人打工。

第一个先生非常聪明，他用 500 元买了一副墨镜，用剩下的钱买了一把二手吉他，来到广岛最繁华的地段——新干线售票大厅外的广场上，演起了"盲人卖艺"，半天下来，他的大琴盒里已经是满满的钞票了。

第二个先生也非常聪明，他花 500 元做了一个大箱子，上写：将核武器赶出地球——纪念广岛灾难 40 周年暨为加快广岛建设大募捐，也放在这最繁华的广场上；然后用剩下的钱雇了两个中学生做现场宣传讲演，还不到中午，他的大募捐箱就满了。

第三个先生真是个没头脑的家伙，或许他太累了，他做的第一件事就是找了个小餐馆，一杯清酒、一份生鱼和一碗米饭，好好地吃了一顿，一下子就消费了 1500 元，然后钻进一辆废弃的丰田汽车里美美地睡了一觉。

广岛的人真不错，两个先生的"生意"异常红火，一天下来，他们对自己的聪明和不菲的收入暗自窃喜。谁知，傍晚时分，厄运降临到他们头上，一名佩戴胸卡和袖标、腰挎手枪的城市稽查人员出现在广场上。他扔掉了"盲人"的墨镜，摔碎了"盲人"的吉他，撕破了募捐人的箱子并赶走了他雇的学生，没收了他们的"财产"，收缴了他们的身份证，还扬言要以欺诈罪起诉他们。

这下完了，别说赚钱，连老本都亏进去了。当他们想方设法借了点路费、狼狈不堪地返回松下公司时，已经比规定时间晚了一天，更让他们脸红的是，那个稽查人员正在公司恭候！

是的，他就是那个在饭馆里吃饭在汽车里睡觉的第三个先生，他的投资是用150元做了个袖标、一枚胸卡，花350元从一个拾垃圾老人那儿买了一把旧玩具手枪和一脸化妆用的络腮胡子。当然，还有就是花1500元吃了顿饭。

这时，松下公司国际市场营销部课长走出来，一本正经地对站在那里怔怔发呆的"盲人"和"募捐人"说："企业要生存发展，要获得丰厚的利润，不仅仅要会吃市场，最重要的是懂得怎样吃掉市场的人。我们所需要的主管，不仅仅是只具备策划短期行为的能力，最重要的是要懂得用长远的目光去规划未来。"

说完他郑重宣布前两位先生被淘汰出局。

（5）从单薄到厚实的举例（数据）：《下一个》

世界球王贝利在20多年的足球生涯里，参加过1364场比赛，共踢进1282个球，并创造了一个队员在一场比赛中射进8个球的纪录。他超凡的技艺不仅令万千观众心醉，而且常使球场上的对手拍手称绝。

他不仅球艺高超，而且谈吐不凡。当他个人进球记录满 1000 个时，有人问他："您哪个球踢得最好？"

贝利笑了，意味深长地说："下一个。"他的回答含蓄幽默，耐人寻味，像他的球艺一样精彩。

（6）从单薄到厚实的举例（数据）：《人生的等式三角》

前两天，一位友人问我是否听说过 "0-1 等式三角"，我说没有。于是，他找来一张纸，写下了这样两个三角形的等式方程：

0-1等式三角

$0+0=0$	$1+1=2$
$0+0+0=0$	$1+1+1=3$
$0+0+0+0=0$	$1+1+1+1=4$
$0+0+0+0+0=0$	$1+1+1+1+1=5$
$0+0+0+0+0+0+1=1$	$1+1+1+1+1+1=6$
$0+0+0+0+0+1+0=1$	$1+1+1+1+1+1+0=6$
$0+0+0+0+0+0+1+0+0=1$	$1+1+1+1+1+1+0+1=7$
$0+0+0+0+0+1+0+0+0=1$	$1+1+1+1+1+1+0+1+1=8$
$0+0+0+0+0+0+1+0+0+0+0=1$	$1+1+1+1+1+1+0+1+1+1=9$

……

他把纸递给我看。我只扫了一眼，就没好气地说："你真是无聊，0+0 当然等于 0，你加到天黑它还是等于 0，1+1=2，这个连 3 岁的孩子都知道！"我瞥了他一眼，"无聊的人搞这些无耻的东西，你不会是想让我做陈景润、华罗庚，搞数学，然后搞'哥德巴赫猜想'吧？"我随手把纸条扔给了他。

他只是笑了笑，然后又把纸条递给我，说："你再仔细看看，别把它当成简单的数学等式。"

我看了看，依旧弄不清其中有何玄机，便摇了摇头说："我还是不懂，你就直说吧！"

他又笑了笑："其实这很简单，我提示你一下，等号左边的数字0代表空想，1代表实干，等号右边的数字代表你将来可能取得的成就或地位。才几天不见，你怎么就这么迂了呢？"

他一说完，我顿时醒悟：多好的等式三角，多么深刻而又浅显的寓意呀！如果你整日空想。每天都有一个远大的目标，却不付出行动，那你收获的也只能是飘渺和虚无。

你的空想虽然无比美丽，但你的生活却没有色彩，你的生命更没有光芒。

如果你埋头实干，可能一开始成果基数微乎其微，但是经过不懈努力，你的最终成果是很可观的。

你的生活不会枯燥乏味，你的生命之河会时不时奔腾和咆哮，多好的人生等式三角啊！

"如果你在的课程中能够加入这些元素，你的课程就能通俗易懂，让学员接受和喜欢。"王振说道。

"这些故事、数据、排比、对比、比喻等确实帮助很多抽象的内容变得通俗易懂，这样的转化是很成功的。不过如果我猜得没错的话，这样的转化是很费时间的，需要老师去找资料，去琢磨应该怎么样把内容简单化呈现。"许静若有所思地说。

"是的，这个过程确实是很费时间的。所以这也是为什么这么多内训

师的课程枯燥无味、难以消化理解的原因所在。"王振解释道。

"那我一定要多花点心思在上面，要让学员听我的课程是一种享受，而不是一种煎熬。"许静信誓旦旦地说。

"你只要肯花心思，是完全没问题的。"王振抓住时机鼓励许静。

第十讲

五星教学法：组织
课程内容

"时间过得很快，转眼我们的学习分享已经快结束了。"王振感叹道，"最后一节课，让我来给你讲讲课程内容的组织——五星教学法。"

"五星教学法，这个以前没听过呢。能给我说说吗？"许静好奇地问道。

"五星教学法是由戴维·梅里尔博士提出的，他是当代著名教育技术与教学设计理论家、教育心理学家，也是国际教学设计领域最受人们尊敬的学者之一。他在 2001 年发表了《首要教学原理》一文，勾勒出了五星教学原理的基本框架。他认为只有在教学中贯穿这五大原理，才能被称为'五星级的教学'。"说着王振在白板上写下了五星级教学的 5 个步骤。

1. 聚焦问题

2. 激活旧知

3. 示证新知

4. 应用新知

5. 融会贯通

"五星教学是完全按照人类认知过程的几个关键节点进行的教学组织，把教学环节和学员的思维环节做了非常好的糅合，教学的过程就是和学员互动的过程，教学设计的核心任务是根据学员接受新事物的思维过程设计恰当的教学活动。"王振指着这五行字做着解释，"具体怎么解释每个步骤，我来给你看一张图。"王振在PPT打开一张图给许静看。

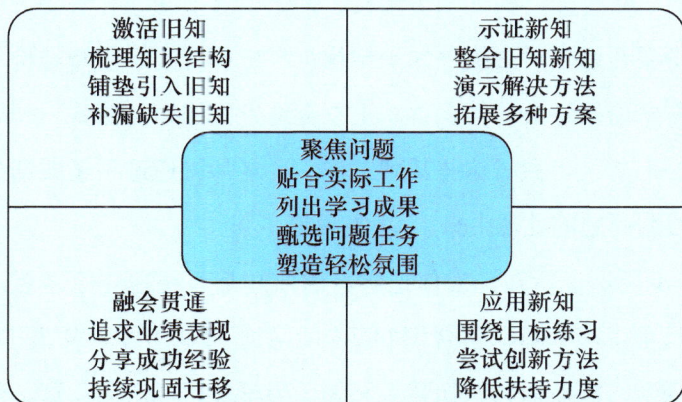

激活旧知
梳理知识结构
铺垫引入旧知
补漏缺失旧知

示证新知
整合旧知新知
演示解决方法
拓展多种方案

聚焦问题
贴合实际工作
列出学习成果
甄选问题任务
塑造轻松氛围

融会贯通
追求业绩表现
分享成功经验
持续巩固迁移

应用新知
围绕目标练习
尝试创新方法
降低扶持力度

五星教学法说明

"结合这张图我给你做个说明。首先是聚焦问题。这也是以终为始，用目标来牵引我们的学习和提升。聚焦问题下面有4个小点：贴合实际工作、列出学习成果、甄选问题任务、塑造轻松氛围。贴合实际工作指的是问题要和工作相关，这样的学习才是有效的、有针对性的。同时要列出学习成果，让大家知道学习之后会有什么样的产出，这样大家的积极性会更高涨。在一开始还要甄选问题任务，了解要解决的是什么问题，是真问题还是伪问题？是简单的问题还是复杂的问题？是以前解决过的？还是从

来没解决过的？等等。最后还要塑造一个轻松的学习氛围，这就是第一个步骤聚焦问题。"因为这些内容相对比较专业，所以王振将故事说得慢点，让许静能够跟上自己的思路，看许静点了点头，王振又继续说道。

"第二步是激活旧知。每一个听课的学员都或多或少有自己的看法和体悟，有一些这个课题方面的经验或教训。所以老师要帮助学员找到这些知识，结合这些旧知能帮助他们更好地理解新的知识，同时也表明新知识的学习不是用来更替旧知识的，而是和旧知的完美融合，让自己更上一层楼。旧知有三个部分：梳理知识结构、铺垫引入旧知、补漏缺失旧知。在学习前老师要帮助学员去梳理知识结构，打破原有的平衡和结构，形成新的旧知体系。如果学员的知识体系里没有这方面的旧知储备，那老师就要补漏这方面旧知。当做好这些基础工作后，老师就通过引子或铺垫把学员的旧知引导到问题的处理中来。"王振说道。

"第三步是示证新知。当你把学员的旧知都系统地还原之后，就要把新知呈现给他。有 3 点。整合旧知新知、演示解决方法、拓展多种方案。老师要引导学员把旧知和新知整合起来，为学员自己所用。这一步骤是很关键的，也是很难的，需要学员自己领悟或把握其中的尺度。融合好之后老师要演示如何用新知和旧知的整合来解决问题，并能头脑风暴，呈现出更多的解决方案。"

"所以按照这样的方式，即使每个学员听到的内容是一样的，但是因为自己的旧知不一样，所以每个人的感受也是完全不一样的。"许静说道。

"是的，这就是把旧知和新知融合的奇妙之处。"王振说道。

"第四步是应用新知，老师讲完了新知，也给学员做演示。这时候如果不让学员来参与练习，学员感觉自己已经听懂了，已经会做了，但是一回到工作岗位就傻眼了，因为发现自己还只是停留在知识层面，实操还是不行。所以还是要给学员应用新知的机会。应用新知时我们要围绕目标做练习，一定是紧贴实际工作问题，才有针对性。可以尝试在老师的基础上做创新，思考新的思路和方法。同时这时老师要降低扶持力度，尽量放手让学员自己去探索，这也为未来学员的单飞做准备。"王振瞄了一眼许静，发现她笔记记得差不多了，就又开始讲道。

"最后一个步骤是融会贯通。光会做还不行，要让它渗透到你的骨子里，让它成为一种习惯，能够活学活用，举一反三，那就算真正掌握这个技能了。一个会融会贯通的学员往往已经能够在业绩上有所表现，同时也能作为一名分享者，把自己的成功经验和教训与他人分享，让别人少走弯路。这样这些技能和知识才能得到持续巩固并得到迁移。"王振喝了口水，润了一下嗓子。为五星教学法做了个总结，"所以如果说聚焦问题是吸引我投入的话，那激活旧知就是引导我入门，示证新知就是教会我理解，应用新知就是辅导我操练，最后融会贯通就是加速我去赢！"

王振看到许静的眼神有些迷茫，可能是这些知识比较专业，对方没听懂。"这样吧，我给你举个例子，你就明白了。"

☞ 五星教学法举例

（1）聚焦问题

课程一开始，内训师给大家讲一个《小狗与金钱的故事》：一只狗非常饿，想大吃一顿，这时销售员推过来一摞钱，但是这只狗没有任何反应。这一摞钱只是一个属性（feature）。

狗躺在地上非常饿，如果销售员过来说："狗先生，我这儿有一摞钱，

可以买很多肉和牛奶。"买肉和牛奶是这些钱的作用（Advantage）。但是狗仍然没有反应。

狗非常饿，想大吃一顿。销售员过来说："狗先生请看，我们这儿有一撂钱，能买很多肉和牛奶，你就可以大吃一顿了（好处、利益，即benefit）。"话刚说完，这只狗就飞快地扑向了这撂钱。以上三个场景就是一个完整的 FAB 顺序了。

内训师讲完之后，请学员自行思考两个问题：第一个问题是 FAB 的 3 个阶段中，你平时工作比较容易忽略哪一点？第二点是学好 FAB 法则的产品介绍方法对你销售工作的有何积极益处？思考完成后，请每位学员在小组内分享自己对两个问题的看法，并小组派选代表到讲台进行发言。

（2）激活旧知

小组代表轮流登台分享自己对问题的看法，有的甚至还用例子论证自己的观点。大家普遍认为 FAB 之前都听说过，但是实际用得都不怎么好，一般只是单纯向客户介绍产品的特性和优点，并没有和客户的实际需求产生关联，所以导致销售成功率不高。还有的学员表示想去用 FAB 的，但是很多时候就是没法把特征转化到对客户的好处和利益上来，表达的大概方向有了，话到嘴边就是不知道怎么说出来……

（3）示证新知

内训师点评学员的观点，对他们愿意思考、勇于发表看法表示感谢和赞许。内训师讲解 FAB 的知识点。以服装来举例，服装产品有几大卖点：面料、颜色、款式、价格、搭配等。针对每一个卖点，内训师事先设计了 FAB 的说词，然后请学员以小组为单位，再给每个卖点设计一个 FAB 的说词。小组为单位发表，发表完之后，内训师让大家学习各组优秀的经验，再把每个卖点的 FAB 说词进行优化和改善。内训师给予反馈：大家刚刚都做得非常好，学习效率也很高。其实只要正确了解客户的需求，使客户感兴趣，就能把话说到客户心坎里去。同时团队讨论学习，也是一种获得信息的好做法。

（4）应用新知

内训师给出一个竞赛练习环节，每个小组发一只皮鞋，请小组成员在 10 分钟之内，写出尽量多的针对这只皮鞋的 FAB 说词，并派组长上台代表小组发言。

（5）融会贯通

学员结合自己的工作实际，分享学习 FAB 工具的感受。同时内训师带领大家在课堂上制定课后的 FAB 训练计划，包含训练时间、受训对象、培训内容以及责任人，周期 3 个月，并安排不定期抽查和考核。

"怎么样？听了这个例子就明白了吧。"王振问许静。

"是的，明白了。"许静用力地点点头。

"所以用这种教学方法，学员对这项技能的掌握程度也会提高，因为只有经过学员思考过、分析过、质疑过、辩驳过的内容，才算是真正学到的内容，才能是学以致用的。"王振说道。

尾声

在结束了辅导 6 个月后的某一天，对许静来说是很有纪念意义的一天。因为这天许静要给 63 位新入职的大学生培训《职业化炼就好员工》这门课。

虽说培训授课的时间只有 4 小时，但是许静为这 4 个小时做了很多精心的准备，按她自己的说法是连逛街都在想着备课的事情。课程设计好之后，还找王振及其他几位资深讲师做试讲，请他们给点评建议，前前后后试讲了 3 次。付出总归是有回报的，课程经过精心准备和设计，马上就征服了台下的几位资深讲师，他们也为许静的快速成长而感到高兴。

下午 1 点钟，课程准时开始了。许静从容地走上讲台，瞄了一眼坐在教室后面的师傅王振，然后非常自信地对下面的学员说："同学们，我问候你们说下午好。你们回答我说：好，很好，非常好，然后鼓掌 3 次，伸 V 字手说 Yeah，好吗？"

"好！"学员大声回答道。

"同学们下午好！"许静大声地问候。

"好，很好，非常好。啪啪啪。Yeah！"学员的动作整齐划一，声音整齐响亮。

"我们都知道今年是历年来大学生求职最艰难的一年，因为今年有大学毕业生 727 万人，被很多人称为'史上最难就业季'。那为什么在这么竞争激烈的时刻，我们在座各位却能够早早地拿到 offer、进入一家不错的公司？而为什么很多大学生找了一个季度工作都没有着落？我想让你们讨论一下，一个成功人士，身上都会有些什么样的特质和特征？"

看到许静在台上自信、游刃有余地授课，王振非常欣慰：一方面自己的努力没有白费，另外一方面集团每多一位这样的优秀老师，就会让学员对集团的培训多一份信心。

"加油吧！许静，你还年轻。集团未来的精彩会是你们创造的！"王振在心里默默地给许静加油，鼓劲！

致谢

这几年专注于 TTT 培训师培训，一直想找机会把自己的心得和体会出书。但因为各种原因，总是一拖再拖，没能如愿。

今年狠下心来，给自己订了个目标，要完成这本书。于是就趁着晚上休息，平时不上课的时间，写写停停，停停写写，总算是交稿了。

一开始纠结于到底应该把书写成什么格式？是工具书形式类的？还是小说形式类的？最后决定还是写成小说形式类的。因为现在知识爆炸，每天刷朋友圈，看微信，看网站，能看到各种信息和资料，不是看不到，而是看不过来，因为太多了。写成小说形式，有故事，有情节，可能会更吸引读者阅读和学习。没想到自己越写越有感觉，越写越有思路，一发不可收拾，所以就有了现在这本书。

我希望你可以把这本书当小说看，也可以把它当成经验分享的职场实用手册来看。

当然，如果没有他人的协助，我一个人也是难以完成本书的创作的。首先要感谢的是我的太太施碧玉女士，她平时工作非常忙碌，晚上一般下班很晚，为了能让我有较多的时间创作，她承担了照顾和教育儿子秉桓的重任。同时也要感谢《TTT 国际职业培训师标准教程》中文版权所有人刘子熙导师百忙中拨出时间为此书作序推荐、安迪曼咨询首席技术官崔连斌博士、三星商学院东北分院负责人吕佳媚女士、一汽大众汽车成都分公司曹建锋老师的倾情推荐!

　　还要感谢华师经纪公司这个大家庭,王贤福总经理领衔广大讲师经纪人对老师的推崇和包容,感谢讲师经纪人们的辛勤工作,对老师无微不至的关怀。也感谢我的助理魏玉屏,他点子非常多,非常勤奋踏实,也能快速响应我的要求。还有华师的周丽,忙前忙后与出版社沟通,为这本书的出版花了很多心思,做了很多工作!这本书写得比较仓促,如有写的不好的地方,请大家批评指正!

楼　剑

参考文献

1. 盛群力，魏戈 . 聚焦五星教学 . 福州：福建教育出版社，2015.

2. 杨序国 . HR 培训经理："图说"企业人才培养体系 . 北京：中国经济出版社，2013.

3. [美] 卡迈恩 • 加洛 . 乔布斯的魔力演讲 . 北京：中信出版社，2011.

4. 盛晓东， 赵琼 . 培训师的工具箱 . 北京：企业管理出版社，2005.

5. 朱春雷 . 学习路径图 . 南京：南京大学出版社，2010.

6. 田俊国 . 上接战略 下接绩效：培训就该这样搞 . 北京：北京联合出版公司，2013.

7. 田俊国 . 精品课程是怎样炼成的 . 北京：电子工业出版社，2014.

8. [美] 彼得 • 迈尔斯，尚恩 • 尼克斯 . 高效演讲：斯坦福最受欢迎的沟通课 . 吉林：吉林出版集团有限责任公司，2013.

9. 姜玲 . 培训培训师：TTT 指南 . 北京：高等教育出版社，2008.